MELHORES
POEMAS

Paulo Mendes Campos

Direção
EDLA VAN STEEN

MELHORES POEMAS

Paulo Mendes Campos

Seleção e Prefácio de
HUMBERTO WERNECK

São Paulo
2015

global
editora

4ª Edição, Global Editora, São Paulo 2015

Jefferson L. Alves – diretor editorial
Gustavo Henrique Tuna – editor assistente
Flávio Samuel – gerente de produção
Flavia Baggio – coordenadora editorial
Érika Cordeiro Costa – revisão
Victor Burton – capa
Istock – foto de capa

Obra atualizada conforme o
NOVO ACORDO ORTOGRÁFICO DA LÍNGUA PORTUGUESA

CIP-BRASIL. CATALOGAÇÃO NA PUBLICAÇÃO
SINDICATO NACIONAL DOS EDITORES DE LIVROS, RJ

C216m
Campos, Paulo Mendes, 1922-1991
Melhores poemas : Paulo Mendes Campos / Paulo Mendes Campos ; organização Humberto Werneck ; direção Edla van Steen. - [4. ed.] - São Paulo : Global, 2015.

ISBN 978-85-260-2079-5

1. Campos, Paulo Mendes, 1922-1991. 2. Poesia brasileira. I. Werneck, Humberto. II. Steen, Edla van. III. Título.

14-17036 CDD: 869.91
CDU: 821.134.3(81)-1

global
editora

global editora e distribuidora ltda.
Rua Pirapitingui, 111 - Liberdade
CEP 01508-020 - São Paulo - SP
Tel.: (11) 3277-7999 - Fax: (11) 3277-8141
e-mail: global@globaleditora.com.br
www.globaleditora.com.br

Nº de Catálogo: **1604**

Humberto Werneck (Belo Horizonte, 1945) é jornalista e escritor e vive em São Paulo desde 1970. Cronista do jornal *O Estado de S. Paulo*, onde escreve aos domingos, é autor, entre outros livros, de *O desatino da rapaziada: jornalistas e escritores em Minas Gerais; O santo sujo: a vida de Jayme Ovalle; Chico Buarque: tantas palavras; O espalhador de passarinhos & outras crônicas; Esse inferno vai acabar* (crônicas); *Sonhos rebobinados* (crônicas); *O pai dos burros: dicionário de lugares-comuns e frases feitas; Pequenos fantasmas* (contos). Organizou os livros *Bom dia para nascer*, que reúne crônicas de Otto Lara Resende na *Folha de S.Paulo; O Rio é tão longe: cartas de Otto Lara Resende a Fernando Sabino; Minérios domados: poesia reunida de Hélio Pellegrino* e *Boa companhia: crônicas* (antologia).

Em 2007, com o escritor Jaime Prado Gouvêa, organizou para a Secretaria Estadual da Cultura de Minas Gerais uma grande exposição sobre Paulo Mendes Campos.

POETA EM VERSO E PROSA

Não há novidade em dizer que Paulo Mendes Campos foi um grande cronista. Dos maiores que já tivemos, e não em qualquer contexto: ele brilhou na era de ouro do gênero no Brasil, dificilmente igualável – aquela em que, nos anos 1950-60, jornais e revistas serviam a prosa de ninguém menos que Rubem Braga, Fernando Sabino, Carlos Drummond de Andrade, Nelson Rodrigues, Rachel de Queiroz, Antônio Maria, Manuel Bandeira, Clarice Lispector, Vinicius de Moraes, Cecília Meirelles.

Nesse timaço, Paulo Mendes Campos foi talvez o mais versátil, capaz que era de fazer caberem, no rótulo crônica, escritos de natureza muito variada: o conto, o ensaio e o poema em prosa, além de textos ainda mais breves, em geral marcados por um humor de primeira ordem, divertido picadinho literário de que é exemplo a coletânea ("almanaque de gratuidades", preferia o autor) *Hora do recreio*. A reorganização de suas crônicas, muitas delas inéditas em livro, em volumes como *O amor acaba* – tarefa de que se incumbiu a partir de 1999 o jornalista Flávio Pinheiro –, não só veio confirmar a alta qualidade da prosa do escritor mineiro como prestou o enorme serviço de apresentá-la às novas gerações.

Falta ainda, porém, dar a devida ressonância ao produto mais refinado de seu talento. "As gerações mais novas talvez ignorem ou não conheçam como deveriam a poesia de Paulo Mendes Campos", constatou o poeta e crítico Ivan Junqueira num artigo de 1980. Dez anos mais tarde, o panorama permanecia inalterado: "O poeta, de importância, tem ficado por vezes esquecido à sombra do cronista", alertou o crítico Fábio Lucas. O mesmo diria também o poeta e crítico Claudio Willer: "Seu prestígio como cronista, comparecendo há décadas em jornais e revistas de grande circulação, de certo modo oblitera sua contribuição especificamente poética, de maior importância, além de indissociável de sua prosa". Um ano mais tarde, por ocasião da morte do escritor, Willer lamentará a perda de um dos melhores poetas contemporâneos brasileiros.

Mesmo entre quem conhece sua poesia, Paulo Mendes Campos tem por vezes contra si uma classificação reducionista, que o inclui, de modo automático, simplista, meramente cronológico, na chamada Geração de 45, a dos poetas que chegaram à cena em meados dos anos 1940. Filiação compulsória que está longe de ser lisonjeira, pois essa fornada é vista como aquela que deu marcha à ré nas conquistas do modernismo, voltando às formas fixas, sobretudo o soneto. Uma geração, diagnosticou Wilson Martins, que não tardou "a revelar um certo linfatismo e a perder-se nas areias movediças do exercício verbal".

Para Ivan Junqueira, a inclusão de Paulo Mendes Campos, "malgré lui", entre "os formalistas de 45 deve-se antes a uma imposição historiográfica do que a qualquer eventual confusão, da parte dos que assim o situaram, entre o que seja forma e fôrma". Trata-se, acima de tudo, de um poeta de poetas, de altíssimos poetas, prossegue Junqueira, que argumenta: "Que poeta de poetas se deixaria subjugar pelo despotismo da fôrma, ignorando o que fossem a poesia, o ritmo, o humor, a forma e o espírito?"

Poeta de poetas? Outro crítico, Fausto Cunha, viu aí um elogio de dois gumes, e propôs algo mais abrangente: autor que se lê com extremo gozo, Paulo Mendes Campos, todo inteligência e sensibilidade, seria "um poeta para todos" – e não só: um dos melhores da geração que veio depois de Drummond e Murilo Mendes.

Condenado por leitores apressados à vala comum de seus contemporâneos, o poeta mineiro não passava recibo de desconforto. Fazer o quê, disse um dia, se certos professores de literatura têm necessidade de estabelecer "classificações" – e, quando essas classificações não são precisas, fazem de conta que são, para dar um panorama didático? Encarava "com humorismo" a fatalidade de estar encaixado nessa "geração difusa, de franco-atiradores", na qual jamais houve empenho em estabelecer plataforma comum.

De fato, sustentava o poeta, foi por mero acaso que se deu "um certo retorno a uma forma mais literária e menos espontânea". A geração de 45, avaliava Paulo Mendes Campos, tentou assimilar o modernismo mantendo a tradição da língua portuguesa – no que, aliás, não esteve sozinha, já que não poucos escritores vindos do modernismo – Carlos Drummond de Andrade, por exemplo – retomaram o mesmo caminho. Para Ivan Junqueira, Paulo Mendes Campos talvez tenha pendido mais para um dos lados: ainda que herdeiro do modernismo, ele teria realizado o melhor de sua poesia dentro das chamadas formas regulares – como no poema "Infância", composição em decassílabos que o crítico carioca não hesitou em alinhar entre os melhores da literatura brasileira.

Talvez ninguém tenha situado com mais precisão a obra de Paulo Mendes Campos, seja em prosa, seja em verso, do que o ensaísta João Cesar de Castro Rocha, num artigo de 2013: ela está "longe da lírica de terno e gravata da geração de 45, mas igualmente distante da dispersão programática da fase heroica do modernismo". No fundo, prossegue Castro Rocha, o poeta e cronista mineiro "foi o cultor de território autônomo, cuja idiossincrasia talvez tenha colaborado para adiar o reconhecimento pleno de sua força como criador".

Literariamente ambidestro, no dizer de Wilson Figueiredo, as exigências da vida material fizeram com que Paulo Mendes Campos acabasse sendo muito mais prolífico como cronista, atividade de que tirava seu sustento, do que como poeta. Sua poesia em livro não vai além de uma centena e meia de poemas. Não consta, porém, que ele sonhasse com obra vasta – ao contrário: numa entrevista em 1979, Paulo Mendes Campos revelou que sua "imensa pretensão" era escrever, ao longo de toda a vida, um livro de umas oitenta páginas. Àquela altura, já próximo dos sessenta anos, ele achava que o melhor estava por vir e apostava "numa série de poemas sobre a casa" – mais adiante reunidos sob o título *Arquitetura*, e que vêm a ser, de fato, um ponto dos mais altos de sua produção poética, na qual Claudio Willer destaca "temas e obsessões" como a morte, o amor, a memória, a experiência do poético e a leitura da poesia.

A essa produção em versos é indispensável acrescentar uns tantos textos que, embora publicados como crônicas, na verdade constituem poemas em prosa, a começar pelo hoje célebre "O amor acaba", ou "Pequenas ternuras", que já se chamou "Acorrentados". Mais: não se pode esquecer o admirável trabalho de Paulo Mendes Campos como tradutor de poesia – contribuição que, tanto quanto os poemas em prosa, a presente coletânea não poderia ignorar. Traduzir foi, para ele, um esforço de vida inteira, pautado pelo mesmo rigor que punha na elaboração de seus próprios versos. Ou rigor ainda maior, quem sabe, a julgar pelo que disse numa entrevista: "Muitos leitores pedem que eu reúna em livro os poemas traduzidos, mas cada vez que ensaio, paro. Começo a retocar, e o aprimoramento é infindável. Me dá desânimo. Quando a pessoa produz a sua literatura, atinge um ponto limite, mas a tradução pode sempre ser melhorada." Perfeccionista, ainda assim ele concedeu pôr em livro cerca de sessenta traduções de sua lavra, das quais quarenta em *Trinca de copas*, de 1984.

Poeta, cronista, tradutor e ensaísta, mestre em cada um desses terrenos da criação, Paulo Mendes Campos foi um dos grandes de seu tempo. "De todos nós, e éramos legião, Paulo Mendes Campos denunciava a vocação mais séria e mais alta, como poeta e prosador", atestou Otto Lara Resende, seu companheiro, ao lado de Fernando Sabino e Hélio Pellegrino, no grupo que ele, Otto, chamou de "Os quatro cavaleiros de um íntimo apocalipse". O mesmo Otto que, na morte do amigo, em 1991, haverá de resumir com precisão: "Paulo Mendes Campos foi fiel ao seu destino. Nunca abriu mão da sua sensibilidade estética, nem do seu rigor intelectual. Dissimulado em timidez, o seu amor-próprio, vigoroso, não fechou a porta da afeição. O que na juventude a olhos estranhos parecia orgulho, na maturidade veio ser sabedoria. A compassiva serenidade, com uma ponta de desdém que não cultiva ilusões, nem corre atrás da sansão alheia. Em prosa ou em verso, foi só poeta."

Humberto Werneck

POEMAS

FRAGMENTOS EM PROSA

Nasci a 28 de fevereiro de 1922, em Belo Horizonte,
No ano de *Ulysses* e de *The Waste Land*,
Oito meses antes da morte de Marcel Proust,
Um século depois de Shelley afogar-se no golfo de
[Spezzia.
Nada tenho com eles, fabulosos,
Mas foi através da literatura que recebi a vida
E foi em mim a poesia uma divindade necessária.

Da casa em que nasci não me lembro nada.
Contam que via o demônio e o apontava na parede,
Alvoroçadamente, como se fora um anjo.
Minha vida começa em Saúde, arraial de minha infância,
De que cito algumas estampas essenciais:
Eu e Íris brincando no jardim.
Íris no caixão sobre a mesa escura.
A notícia do assassinato de meu tio Arquimedes,
Chegada cautelosamente no serão familiar,
Seu Rodolfo caçador com sua perna de pau
(Derrubou o cacho de cocos com um tiro),
Minha mãe, revólver em punho, procurando ladrão no
[quintal,
O leproso dos Correios que comia ovos cozidos,
A besta Mascote, a besta Mansinha,

Meu encontro com a morte de um tuberculoso em uma
[casa desconhecida,
O guizo da mula sem cabeça tilintando na várzea.
Lembro-me da partida sem pena.
Sempre parti sem pena.
Ainda hoje, quando subo os degraus do avião, do navio,
É sempre a mesma emoção, uma alegria doloridamente
[física,
Uma névoa infantil nos olhos, imitando as lágrimas,
Uma pulsação dentro de mim como antes de um beijo.

Não sei se foi feliz a minha primeira infância.
Não trouxe no coração uma saudade direta
E tive terror dos mascarados e do batuque noturno dos
[tambores.

Em Belo Horizonte,
Ao grito de "avião! avião!" corria para a rua em uma
[agitação de fim de mundo.
Quantas tristezas de sexo precoce eu tive!
Não sei como dizer de todas as aflições
Quando senti, como um alarme, a violência do corpo.
Muitos anos esperei em dor para ter nos braços a mulher
E quando penso nisso sinto uma vontade pesada de
[ajoelhar.

As primeiras letras. Meu ódio à disciplina.
O mistério do pátio das meninas.
Minha primeira paixão chamava-se Maria e usava
[tranças.
Minha segunda paixão chamava-se Maria e tinha olhos
[bonitos,
Minha terceira paixão chamava-se Maria.

Brincar de grande era a gente mesmo, a correr em cavalos
[de pau,
Brincar de pequeno era retirar da caixa as figuras
[recortadas
E tecer os enredos.
As fitas em série aos domingos: *O Grande Guerreiro!*
Os filmes de cobói: Bob Steele! Buck Jones!
Ruas de Nova Iorque! Tempestade sobre a Ásia!
Os livros! A importância de retirar um livro da Biblioteca
[Pública!
Robinson, Gulliver, Dom Quixote! *O duplo assassinato da*
[rua Morgue!
Quando veio a revolução de 30 estava de braço quebrado.
As negras se arrastavam da Barroca até a Serra
E aí chegavam famintas, esfarrapadas, apavoradas.
Lembro de meu pai comprando e distribuindo alimentos
[no armazém.
Da Caixa D'água da Serra, aos oito anos,
Vi pela primeira vez um avião atirar bombas.

Nossas molecagens! Nossas maldades!
Furto de frutas! A incrível pontaria de Mário Carolla!
As brigas da quadrilha do Abrigo Pernambuco.
O desprezo pela polícia, as excursões ao Banheirinho.
As árvores não cresciam em nossas ruas,
A grama não pegava nos jardins,
As lâmpadas não ficavam nos postes.

O resto de coragem física em mim vem desses tempos.

O Colégio Arnaldo, aversão à matemática, nulidade em
[desenho,
O dedo imenso e estúpido do Padre Coqueiro...

Aos onze anos, armado de revólver, fugi de casa.

Foi o romancista Osvaldo Alves que me vendeu latas de
[conservas no armazém.
Em companhia de Georges e Aristeu,
Demandei Goiás em busca dos índios.
A primeira sede violenta,
O desconhecido amedrontando e tentando,
Cardoso, velho lenheiro, homem bom já falecido, que em
[sua casa na Mutuca nos deu cama de palha,
[café com broas e conselhos mansos:

Acho que vocês vão dar uma estopada, meninos. O mundo é
[grande!

Reprovado no primeiro ano ginasial,
Fui mandado para o colégio interno de Cachoeira do
[Campo.
Lágrimas convulsas na primeira noite.
Lágrimas depois em muitas noites.
Conheço a pusilanimidade, a traição, a delação.
Conheço a covardia, a bofetada de um padre.

Feroz e indisciplinado é o coração da infância.

Experiência da solidão:
Um grande pátio com uma paineira e um retângulo no
[alto
De estrelas.
A saudade à hora do crepúsculo estragou-me todos os
[outros crepúsculos.
Tragédias do sexo e da afeição
Tiveram apenas o testemunho irreal dos professores.
Minha rebeldia fez-me a vida infeliz.

Meu medo do inferno fez-me a vida infeliz.
Minha sensibilidade fez-me a vida infeliz.
Meu tempo de internato em Dom Bosco, durante três
[anos intermináveis, foi uma coisa infeliz, irremedia-
[velmente infeliz, até hoje infeliz.

No segundo ano, segundo a linguagem salesiana,
Comecei a ficar tíbio; participava da *Société Impieté*
Como um de seus mais revoltados membros.

Devo a Mário Lúcio Brandão minhas primeiras
[conversas literárias.
Achávamos uma injustiça Abílio Barreto não pertencer à
[Academia Brasileira de Letras.
Não esquecer as férias e o esperar por elas;
O sorriso de conivência feliz e de vingança contra o
[assistente,
Quando a primeira horda de bichinhos de luz invadia o
[estudo da noite,
Prenunciando as férias.
Não esquecer os cigarros fumados sob o risco de
[*dez escasso*,
Não esquecer os tapas nas caras dos *xibungas*, dos
[*decuriões*,
Não esquecer nada que seja contra o Colégio Dom Bosco,
Nada que haja escapado à vigilância.
Nenhuma rebeldia.
Alunos fortes que desafiavam professores,
Putas-que-o-pariu na cara deles,
Nada esquecer,
Os que fugiam e levavam os nossos votos de boa sorte,
O ridículo de certos pe-da-go-gos,
A oratória besta de Padre Benedito,

A vaidade de Padre Alcides,
A cara cruel de *seu* Yzver,
A raposice de um, o lambdacismo de outro.
Não esquecer...
Não esquecerei nada.
Seu João Maria me chamava de Laplace:
Não me puniu quando me viu roubar laranjas.
Obrigado, *seu* João Maria.
Seu Vicente era manso e consolava os que choram.
Obrigado, *seu* Vicente.
Seu Gilberto era um ótimo sujeito.
Obrigado, *seu* Gilberto.
Era suave o perfume do eucalipto, suave era o ar,
Doces eram as laranjas, as ameixas, as jabuticabas,
Majestosos eram os pinheiros,
Frescas eram as águas nascentes,
Ásperos e belos os caminhos da montanha.
Coisas da natureza, obrigado, obrigado.
Obrigado, amigos meus.
Que contentamento deixar Dom Bosco e seus fantasmas!
Ah! se pudesse levar apenas o aroma das resinas!
Que contentamento tomar o trem na antiga Hargreaves
E voltar à casa. Que alvoroço de abelhas voltar!
Foi em Georges Bernanos que li esta passagem que
[sempre me comoveu:

"A honra e a pouca coragem que possuo herdei-as da criatura, hoje para mim misteriosa, que caminhava sob a chuva de setembro, através dos campos encharcados de água, o coração já cheio do próximo regresso, dos recreios fúnebres, onde a acolheria logo o negro inverno, dos refeitórios invadidos de um hálito gorduroso, das intermináveis missas cantadas, onde uma pequena alma fatigada só poderia compartilhar com Deus

o seu tédio – criança que fui e que é hoje para mim como um antepassado. Por que, entretanto, terei mudado? Por que mudarei? As horas me são medidas, as férias vão terminar como sempre e o pórtico negro que me espera é ainda mais negro do que o outro."

Em 1937, fui para o Ginásio de Santo Antônio, em São
[João del-Rei,
De sadios holandeses franciscanos.
Várias liberdades desconhecidas:
A de fumar,
A de pôr as mãos nos bolsos,
A de fazer rodinhas,
A de sentar-se nos recreios,
A de conversar com maiores e menores,
A de sair aos domingos
A de namorar,
A de opinião.

Pouco a registrar.
O esporte,
As namoradas sem consistência,
Os primeiros amigos mortos, a desfiar um rosário de
[tristezas minhas,
Aplicação e desprezo pelos estudos,
Uma adivinhação de poesia nos florilégios estúpidos,
Estudos de gramática portuguesa
(*Nasóculos, quotiliquê, ludopédio*),
Romances: Júlio Diniz, Júlio Verne, Camilo, Coelho Neto;
Desorientadas e frustradas inquietações políticas e
[patrióticas;
A amizade dura de Frei Godberto;
Orador do Grêmio Literário Jackson de Figueiredo;

A vontade de escrever uma coisa;
O medo da morte;
O medo do tempo.

Registrem-se ainda algumas ternuras da memória:
A voz grossa e rápida de Frei Rufino,
A vaguidão de Frei Lau querendo escrever com o
[charuto,
O irrepreensível Frei Norberto,
O sorridente Frei Virgílio,
Un tas de choses,
Coisas inocentes que gelam dentro de mim um bloco de
[saudade.

Ginasial – é o grau de instrução que tenho.
Em 1940, em Porto Alegre,
Aluno da Escola Preparatória de Cadetes,
Queria ser aviador.
Em dez meses de disciplina, de estudos bélicos,
De marchas, ordem unida, maneabilidade,
Manobrando fuzis e metralhadoras,
Não descobri dentro de mim, sob a farda, o soldado.
Fui definitivamente um paisano.

Elza era delicada e ia ser dentista.
Altamira apaixonou-me logo, muito branca de olhos
[verdes.
Uma judia guardei como lembrança de perfeição
[adolescente.
Também as decaídas inesquecíveis.
As putas são ásperas e guardam purezas intratáveis.

Os dias de acampamento ficaram inesquecíveis
Com suas estrelas

Suas alvoradas em cima do Guaíba,
E o brincar de guerra em correria pelos montes.
Inesquecível minha fuga, à noite, por uma corda
E os dez dias de cadeia que se seguiram
Ao lado de um colega de pincenê que lia *O Vento Levou.*
Em Florianópolis, um catraieiro me salvou de morrer
[afogado.
Inesquecível.

A adolescência é um tribunal inesperado:
O julgamento do pai pelo filho,
O julgamento do filho pelo pai.
Nesse conflito de culpas, apreensões, incertezas,
Está o mistério dos caminhos da vida sempre errados.
Toda a perplexidade do homem cabe no encontro do pai
[e do filho,
Quando se encaram com um rancor de acusados à luz da
[madrugada.
Cabe às mulheres a melhor parte do amor e do
[sofrimento
Porque as mães não podem julgar.
Na ternura milagrosa das mulheres
É como se o filho não houvesse se desprendido do
[ventre –
E este é o mais simples e doce de todos os mistérios.

Em 1939, cursando o primeiro ano complementar de
[Odontologia.
Ainda tonto e feliz da liberdade, caí de amores.
Chamava-se Maria e era linda e magra.
Que sofrimento olhar o tempo quando se ama.
Só a lembrança de teu chapéu de palha, Maria,

Nas tardes cálidas do Minas Tênis me arrancariam
[muitas lágrimas.

Fantasiou-se de pirata no carnaval e me deixou.
Morreu tuberculosa, de repente. Fui à missa de sétimo dia.
Desde então me arrepio quando escuto o *Dies Irae*.

Outra Maria. Maria Elvira.
Deu-me o carinho de suas pernas claras.
Obrigado, Maria.
Simpáticas como você há poucas.
Poucas têm olhos cinzentos tão lindos quanto os seus,
Poucas tanta fraqueza no desejo da carne como você.

Vem de longe, dos tempos de ginásio, o meu gosto pelo
[álcool.
Vem de mais longe talvez, de regiões oprimidas da
[infância,
De um ancestral incompetente, de uma horda de
[heranças infelizes,
Uma vontade de falar, de cuspir.

Folha morta, *déçà, délà*, fui arrastado pelas ruas
Na tranquilidade fresca da madrugada de Minas.
Havia um poder suicida em cada coisa:
O vento era uma coisa forte e me estremecia,
O azul era uma coisa forte e me estremecia,
A mulher era uma coisa forte e me estremecia,
A aurora, a tarde arrastando-se no quintal,
Tudo me estremecia e me empurrava para a vida e para
[a morte.
Em meus versos havia uma força louca de poesia,
Nos pensamentos meus e alheios radiavam deuses
[violentos,

Em todos os meus gestos, uma grandeza pensada e
[magnífica.

Ó confusa adolescência! já não entendo teu clamor,
Tuas vigílias, tuas angústias, as armas de teu combate.
Meu rosto está sereno quando penso em ti
Mas bem no íntimo tenho uma vontade de unhar-me,
De esbofetear-me, de morrer. Morreu contigo
O sol denso da tragédia. Morreu contigo
O pássaro rubro amigo de meu ombro. Morreu contigo
Uma palpitação, um frêmito constante. Morreu contigo
Meu inconformismo cruel, minha dignidade na
[desgraça. Contigo
A parte de mim mais infeliz e fiel.

BALADA DE AMOR PERFEITO

LITANIA DA LUA

Lua dos parques fantásticos de Verlaine,
lua que faz sonhar os pássaros e soluçar de êxtase os
[chafarizes,
lua dos jasmins e dos lilases de Juan Ramon Jiménez,
quando Beethoven chorava sob mãos brancas ao piano,
lua das estradas líquidas de Antônio Nobre,
lua negra de veludo,
eterna freira dos conventos do céu,
sol de Portugal,
adeus para nunca mais!

Lua do silêncio eterno do espaço infinito de Pascal,
lua de pedra de Sócrates,
Artêmis ao mesmo tempo,
lua lúcida,
lua das montanhas de Minas de Augusto de Lima,
quando chora ao longe uma flauta e um violoncelo chora,
lua fosforescente de Lawrence,
caravela perdida no mar alto de Alphonsus,
relógio a medir a eternidade celeste,
corola do tempo submersa no céu,
lua de Neruda,
adeus para nunca mais!

Lua atroz do menino Rimbaud,
amiga dos insensatos de Paul Valéry,
branca e pequenina lua de Vinicius,
lua dos dez mil narcisos dourados de Wordsworth,
pálida hermafrodita de Lautréamont,
lua velha com a lua nova nos braços de Sir Patrick Spence,
flor noturna de William Blake,
lua inconstante de Shakespeare,
lua isenta, serena e fiel de Cecília,
lua a envolver os noivos abraçados e os soldados já frios,
lua hirta das galharias de Mário Quintana,
lua das fragatas de marfim,
lua dos corredores dos hospitais,
adeus para nunca mais!

Lua casta de Ben Jonson,
lua das candeias mortas das cantigas de roda,
lua do lunólogo Laforgue,
lua das núpcias de Laforgue,
virgem carregada de fogo branco de Shelley,
lua urbana e doente de Baudelaire,
vaca celeste de Jaime Ovalle,
branca tartaruga adormecida,
Verônica do sol,
lua morena,
unicórnio gris e verde,
lua-lua de Lorca,
lua das sandálias de prata de Walter de la Mare,
dos frutos de prata em árvores de prata,
das patas prateadas dos animais,
das plumas prateadas dos pombos,
lua dos peixes prateados em rios de prata,
lua dos desesperos galeses de Dylan Thomas,

galeão fantasmagórico em mares nevoentos de Alfred
[Noyes,
lua russa e glacial de Chagall,
lua das tristezas concretas de Debussy,
lua de cara rachada pela varíola de T. S. Eliot,
lua desmemoriada a piscar o olho nas esquinas,
lua dos sonhos brancos de Cruz e Souza,
lua das inconsoláveis esperanças,
dos trêmulos martírios,
lua das flores amargas da morte,
lua lutuosa,
clorótica,
adeus para nunca mais!

Lua que se empoleira no espigão,
condescendente amiga das metáforas,
lua de Mário de Andrade,
lua de Murilo Mendes,
onde talvez o demônio ainda não tenha penetrado,
lua de Augusto Frederico Schmidt,
cansada, frágil, pálida,
tangida pelo vento como um barco de louras velas
[enfunadas,
lua que Li-Po foi buscar bêbado no fundo de um lago,
lua turva e clara do primeiro céu de Dante,
lua do sertão de Catulo da Paixão Cearense,
lua dos quartos de dormir de Lamartine Babo,
lua das pastorinhas de Noel,
Lady Godiva de Tennyson,
lua de Arno Holz,
imensa, rubra, suave como sonho,
lua de Raimundo Correia,
lua dos tristes e enamorados,

golfão de cismas fascinador,
astro dos loucos,
sol da demência,
adeus para nunca mais!

Lua morta no céu entrevado de Byron,
lua plácida de Goethe,
olhar terno de amigo entre a alegria e a dor,
lua sagrada a surgir das montanhas da Ásia de Hölderlin,
lua serena a brincar sobre as vagas de Victor Hugo,
lua dos bosques argênteos de Morgenstern,
lua alta a campear sinistra de Soares de Passos,
lua dos vestidos de noivado da rainha de Gomes Leal,
lua da loucura a fitar no espaço,
lua irmã de Francisco de Assis,
lua de Assunción Silva,
cheia e branca do noturno de murmúrios e perfumes,
quando as sombras se buscam nas tristezas e nas lágrimas,
lua a brilhar no límpido espelho de Antônio Machado,
lua de março despida pelo vento de Langston Hughes,
lua de Fernando Pessoa na estrada de Sintra perto de
[meia-noite,
lua da linda barquinha bailando no mar,
lua nova de Manuel,
lua irônica e diurética de Drummond,
lua embuçada de James Joyce,
lua do olvido depois da tormenta de Cecil Day Lewis,
lua sinistra sobre a paz do mundo de Augusto dos Anjos,
lua sangrenta das batalhas de Homero,
lua silenciosa de Virgílio,
lua da triste e leda madrugada de Camões,
lua do adeus, adeus,
adeus para nunca mais!

CANTIGA PARA HELIO PELLEGRINO

Boi. A tarde esmorece do que foi.
Do que será noturno é que se tece o boi.

DEPOIS DE RELER O MANIFESTO SURREALISTA

Se eu fora rei venderia minhas terras a perder de vista
Se eu fora médico interviria na clâmide da desavença
Se eu fora para morrer reabriria o debate da gestação
Se eu fora torneiro iria contornando contornando
Se eu fora calme bloc ici-bas chu d'un désastre obscur
    meu nome seria Edgar Allan Poe
Se eu fora carpinteiro emolduraria o A no O
Se eu fora advogado sorriria no fórum ao cair da
    tardinha mas de blusão
Se eu fora pseudópodo prosseguiria prosseguiria
Se eu fora bom da bola bloquearia a área de atrito
Se eu fora Maricá só pediria pensamentos aos muares
    licenciados
Se eu fora um moinho à beira do Floss investigaria lentos
    eflúvios
Se eu fora corretor da Bolsa nas horas vagas musicaria
    madrigais
Se eu fora tímido impressionaria os tímidos
Se eu fora árvore traduziria mais poesia para os campos
    Mendes
Se eu fora o mal sussurraria ao bem o mais doce conselho
Se eu fora Tom Mix sumiria na cacofonia do cinemató-
    grafo

Se eu fora magistrado internaria o erótico no indevassável
ventre de uma virgem
Se eu fora mogno de relógio repetiria a música das
esperas
Se eu fora pobre-pobre cataria no meu saco enorme os
misereres da poluição
Se eu fora inglês perguntaria "What is this my people?"
Se eu fora menestrel menestrel seria das irmãs Carneiro
entre Conceição e Capelinha
Se eu fora dado a palíndromos cunharia pelo avesso o
animal sob lâmina
Se eu fora "relais" cumpriria o meu dever
Se eu fora explorador do círculo polar antártico pediria
fuego ao primeiro Prometeu de Mar del Plata
Se eu fora proletário contribuiria para o mausoléu dos
milionários
Se eu fora empresarial impediria que Margarida me
perturbasse
Se eu fosse o Senhor investiria numa empresa fora deste
mundo
Se eu fora o Y comeria cedilhas com ricas folhinhas
Se eu fora um domingo paulistano molharia os namora-
dos devagarinho
Se eu fora artista concederia mil entrevistas a Leda de
"O Cisne"
Se eu fora joão-de-barro imporia minhas cláusulas ao BNH
Se eu fora Portugal exigiria a volta de Camões por um
édito do ano da graça
Se eu fora um noturno tentaria saber da lua se ainda há
tílias em Berlim
Se eu fora bem-te-vi viria te ver no banho-maria
Se eu fora bem pago teria certa relutância aos carteiros

Se eu fora apaniguado dos Medici embolaria a guarda do
pretório
Se eu fora intervalo entre já e jamais iria como sempre de
não me toques
Se eu fora estilita ajudaria Jesus a descer pela coluna dos
fundos
Se eu fora moralista the nightingale piaria de madrugada
Se eu fora baiano batucaria baiano sou no batucajé do
Empire Bahia Building
Se eu fora infinito pessoal deixaria em casa o guarda-
-chuva
Se eu fora subversivo só beberia cicuta dissoluta em coca
Se eu fora amor não saberia dizer se eu seria animal
vegetal ou mineral
Se eu fora Lord Cardigan pediria pra ser o Doutor
Livingstone
Se eu fora uma errata a culpa seria toda minha
Se eu fora Stalin pediria que me retribuíssem pelo menos
o cadáver de Vladimir
Se eu fora capitão de mar e guerra intentaria amar à tona
Se eu fora a massa multiplicada pelo quadrado da
velocidade da luz você desfaleceria de tanto
orgulho da minha energia
Se eu fora a Vitória de Samotrácia sairia agora mesmo
voando para o meu torrão natal
Se eu fora chantecler nos dias do terror passaria de
passagem por Paris
Se eu fora leão comeria o decurião deixando o cristão
para um domingo sem circo e sem pão
Se eu fora Blaise Cendrars daria um soco de cotoco nos
cones de Pascal

Se eu fora mansão imperial em Botafogo estaria hoje com
um pé na cova latejante
Se eu fora pernóstico venderia tudo para comprar a
ordem da jarreteira
Se eu fora Mário Vianna escreveria cammpos com dois
emes
Se eu fora água limpa de roupa e tudo te beberia
Se eu fora mineiro mineiraria no silêncio das marianas
Se eu fora consoante fricativa coitadinhas dessas vogais
que se mandam de grinaldas pelos bosques
Se eu fora tabagista e tivera passado por Lisboa teria
dado preferência à tabacaria favorita do Esteves
Se eu fora datilógrafo datilografaria dactil dat dáctilos
Se eu fora Manuel Bandeira me hastearia
Se eu fora um hífen empreenderia a transa ciclópica de
todos os seculorum:
Manhattan Chase - - - - - - - - - - - - - São Francisco de Assis
Se eu fora gêmeo de mim mesmo um de mim teria que
morrer
Se eu fora maquinista de trem acabaria afinal o meu
desenho infantil
Se eu fora colateral de Deus jogaria lá na frente
na zona do perigo do chiaroscuro
entre os santos e os anjos
e os doidos
e os leprosos
e os suicidas
e Isaías
e Verlaine e Ovalle e Bach e Hölderlin e El Greco e
Leopardi e Blake
e as duas Marias
e as trombetas dos arcanjos beiçudos do jazz

CANTIGA PARA TOM JOBIM

Quem for além simplesmente
deste espelho transparente
há de sumir? ou se ver?
relembrar? ou esquecer?
Quem for além simplesmente
deste espelho transparente
há de sentir? ou sonhar?
prosseguir? ou regressar?
Mas quem achar uma seta
que lhe apontar o sentido
neste espelho, há de se achar
no paraíso, perdido,
onde achará o poeta,
de repente ou devagar.

CANTIGA PARA DJANIRA

O vento é o aprendiz das horas lentas,
traz suas invisíveis ferramentas,
suas lixas, seus pentes-finos,
cinzela seus castelos pequeninos,
onde não cabem gigantes contrafeitos,
e, sem emendar jamais os seus defeitos,
já rosna descontente e guaia
de aflição e dispara à outra praia,
onde talvez possa assentar
seu monumento de areia – e descansar.

CANTIGA PARA MÁRIO QUINTANA

Sei lá eu porque eu canto!
Nem sei se é canto... ou espanto...
Talvez cante sem querer...
Talvez pra ver... ou não ver...
Pra lembrar... ou esquecer...
Ou viver... ou reviver...
– Eu não tenho o que fazer!

RISCO DE BORDADO

Minhas afeições não valeram.
Cheguei a procurá-la,
Maria.
Nos espelhos.
Nas barbearias.
Nos teatros.
Nos campos de futebol.
Ponto.
Cruz.
Laçada.
Morte.

PEQUENO SONETO EM PROSA

Sempre me grilou o curto-circuito das contradições fundamentais: no oligofrênico musical (meu amigo Otto desafina ao assoviar *Dá nela*) sofre um Beethoven mal sepultado: com um porém: mais surdo que as portas dos castelos feudais.

No menino retardado e no ancestral King Kong esvoaça transcendente rondinella – de asas ainda visgadas nos opacos vitrais do (ainda) incompreensível ou inexprimível. Mas na praça aristotélica de Goethe, ou na planície platônica de Proust, sobra espaço (e capim) para a besta quadrada.

O pior cego é aquele que quer verde (é possível); mas também pode ser que a visão do visível seja pouco mais que nada.

Baça e simples é a libido. Édipos amam suas mamãs de um fervor santo, pontual e burguês.
Um verme áptero (sem metafísica nenhuma) transfigura-se em lepidóptero feliz.
Negócio é o seguinte: Rimbaud é mais por aquilo que não fez. Freud talvez achasse o mesmo bosque (de Viena), se desse para caçar (em vez de cobras e lagartos) as borboletas sutis.

Num minuto cabem horas: caladas, maceradas, amarradas ou rançosas; as horas aladas disparam pelo céu em um segundo.

A matemática poética de hoje ignora se um é um. E as rosas? Ora, as rosas! São cotidianas – como as prosas emitidas do outro mundo.

Revire puerilmente o mapa-múndi: sulista é quem habita o Norte.
A mesma centelha enjaula o tigre do átomo e o cinde.
Claude Bernard falou e disse: "A vida é morte".
Como qualquer outro, Hitler também foi *ein gutes Kind.*

A Constante de Planck é uma piada cósmica:
000000000000000000000000006624

Do senso comum
Chesterton e Shaw (polos opostos) desembrulham a graça adoidada. E a bomba atômica vai matando atum.

Se fora zen-budista, Raimundo (das pombas) saberia que a máscara se oculta sob a face. E era a ufania de Afonso Celso só uma ufania de conde, que acaso o conde disfarçasse?

Pela mesma contramarcha, o tímido e o casto são arrevesados de magma em brasa. Por fora o general é meio civil; o civil, por dentro, dá umas de general.
Por vezes não sobe nem o foguete da NASA.
E o Brasil? Será mais que o esfomeado amor (ou o gigantesco tumor) de Portugal?

Ao ponto pode seguir-se uma vírgula (bem mineira); à vírgula pode seguir-se a irreparável incongruência.
Pois é: a noitada de domingo já é segunda-feira.
E a Morte pode ser a Independência.

Falam muito: *In my beginning is my end.* Muito riso, pouco siso.

Ele é durão, mas, no fundo, é todo terno.
Hecha la ley, hecha la trampa.
Quem crê em Deus, vai pro Paraíso.
Quem não crê, vá pro Inferno.

Por fora bela viola... Água mole em pedra dura...
Não é da saúde que vive a doença?

Pra nosso tempo de miséria há um exagero de fartura.

O crime afinal compensa.
Ou não compensa?

Tese: no melhor amigo há o radical inimigo.
Antítese: o inimigo é o nosso amor secreto.
Síntese: como todo mundo, Howard Hughes faleceu mendigo.

– E nada existe mais abstrato do que o poema concreto.

DO TRESLOUCADO

Na solitude entrei no meu lugar.
As velas acendi. Tomei vanádio.
Os dentes areei. Liguei o rádio.
Eu vinha do festim de Baltasar.
Anunciava o locutor: "No Estádio
Nabucodonosor vai terminar
a luta, patrocínio de Paládio."
As ninfas já não pintam no meu lar.
Desliguei, desligado, o aparelho.
Em mim, no céu, fundia-se o sol-posto.
Doíam-me a coluna e o joelho.
Para tomar mais um, chamei a Jônia,
meiga mestiça, que m'o pôs a gosto.
Vê como dói viver em Babilônia.

A LUZ EM DIAMANTINA

Quando a luz desembarca em Diamantina
a banda de música das coisas afina
seus instrumentos

há restos de acordes noturnos e tristezas
pendurados nos varais

gotas de sombra tremeluzem e tombam nos quintais
acesas

os passarinhos em desalinho
saem batendo palmas
cumprindo contentes o dever de anunciar
às almas
a boa nova de todos os dias:
bom dia
Diamantina
acabou de chegar a luz que nos ilumina

os gatos desenrolando-se de um sono asiático
conferem com os olhos de metal a grande novidade
e vão repontar
por milagre
no trono dos beirais

os violinos da sinfônica das telhas
repetem as vãs escalas vermelhas

na moita os grilos guardam as flautas
na várzea os sapos calam a boca

andorinhas sobem e descem nas pautas do adro
dó ré mi fá sol lá si
si lá sol fá mi ré dó

e entram pelos altos da igreja
em sobressalto
antes que venha uma velhinha aflita
pedir ao Senhor um cantinho que seja
na Glória infinita

entoando um canto à transparência da morte
a equipagem da nave levanta âncoras
para a Eternidade
(boa viagem!)

por enquanto
as ruas pertencem à sinfonia da luz
e aos cães (donos da lua)
que desdizem do dia

mas a luz tudo sabe e se abre e se doa e se derrama
e compartilha de tudo
como se fosse uma pessoa da família
recém-chegada dum país distante
mas tão espontânea e contente
que conversa com toda a gente:
mato de estrada
palmas de coqueiro
menino quieto de calçada

flores de sepultura
pobre que desce ladeira

tão amiga é a linguagem da luz
que ninguém se lembra da sua linhagem
gerada que foi das mãos de Deus
na primeira hora da criação

só os diamantes do ar celebram a linhagem divina da luz
só os violoncelos brancos espalhados no azul dizem
que a luz é do céu
e só está neste vale de lágrimas
de passagem
clandestina
neste vale de sombra por onde escorre um rio iluminado
(sombra é luz do outro lado)

Sobem e descem
por semitons na escala cromática
retângulos cor de ouro cor do céu
cor do céu
cor de ouro
retângulos por semitons
descem sobem na escala cromática

o bonito do mundo é a modulação

mesmo quando a escala de repente se faz enigmática:
este amarelo e verde limão indecifrável no mural
este ocre que arqueia o marco do portal

mas para as abelhas douradas que voam na luz mineira
há rendilhados de madeira

que o diga a luz recolhida na sacada
clareando sistemas solares feitos de ouro e de ferro e de
[nada

que o diga a luz que passa
coagulada um instante no fogo da vidraça

que o diga o sol do morto

que o diga este horto hostil

este Gólgota escalvado

esta alta encruzilhada

que o diga a cruz
em cujos braços Cristo se faz luz crucificada.

CANTIGA PARA GABRIELA

Estrangulou-se no ocaso a voz de paz ou de guerra
do derradeiro tapajós:
restaram garras ternas na terra,
as visões, os bichos, os nós,
coisas de amor visual, elos de argila,
restou a alma tapajônica
– retorcida ou tranquila.

LOA LITERÁRIA DO DESENGANO

Louvado seja São Dostoievsqui, que adivinhou os nossos passos e percorreu sozinho o espaço metafísico do louco, do violento e do indigente de Deus.

Louvado seja São Francisco de Assis, que abençoou as feras dos meus fojos.

Louvado seja São Luís de Camões, com os seus caminhos sempre errados, e a sua sintaxe sempre certa.

Louvado seja São Paulo Verlaine, que assumiu as pompas todas das cloacas, para compor algumas canções definitivamente virginais.

Louvado seja São Joaquim Maria Machado de Assis, que nos indispôs contra o mundo, segundo a sua visão, com todas as minúcias e nuanças de um artista da Renascença.

Louvada seja Santa Teresa de Ávila, com seu amor em chamas.

Louvado seja São Percy Shelley, que saiu nu pelos caminhos estreitos de mil e oitocentos, e muitas vezes foi crucificado, na profusão de seus dons, e sempre ressuscitou, na profusão de seus dons, até asfixiar-se no golfo italiano.

Louvado seja São Miguel de Montaigne, virtuoso dos jogos do mundo, com sua alma diversa e instável, a curiosidade infinda, a comedida ciência, encruzilhada de quase todos os humanos, herdeiro dos antigos, ancestral dos modernos.

Louvado seja São José Carducci, que amava o boi e chorava com a morte das crianças.

Louvado seja São Carlos Baudelaire, que dormia com rameiras horrendas, sem perder a auréola do espírito, e limpo voltava dos paraísos artificiais.

Louvado seja São Miguel de Cervantes, que vem sempre lá longe a cavalo, na companhia de um magro e um gordo, e os céus os faça chegar mais uma vez, quando eu me for. E louvado sejam São Gordo e São Magro, que abusaram à vontade da minha inocência, desencantando os anões alegres de meu riso.

Louvado seja São Daniel Defoe, que padeceu no pelourinho, e que me atirou sozinho a uma ilha encantada pelas realidades primárias.

Louvada seja a Santa Família Brontë, que subverteu o tédio da tarde puritana, entrando pela noite tempestuosa.

Louvado seja Santo Artur Rimbaud, que foi o último anjo rebelado, e ainda nos apedreja com o magma incandescente de seu furor.

Louvado seja São Li-Po, que vagueou pela campina amarela, pra cá, pra lá, folha viva, folha morta, copo de vinho na mão.

Louvado seja o santo poeta chinês, que viu o futuro no espelho enluarado e sujo da hospedaria.

Louvado seja São Vladimir Maiacóvsqui, pois era uma nuvem de calças.

Louvado seja São João da Cruz, que saía do claustro, sem ser notado, para a noite escura da alma.

Louvado seja São Frederico Hölderlin, que invocou os deuses com tremendo sucesso e acabou em santa loucura na casa de um santo carpinteiro.

Louvado seja São Gustavo Flaubert, que sofreu de lucidez maligna.

Louvado seja São Rainer Maria Rilke, que carregou consigo o poeta (eu) adolescente, à dimensão intersticial, onde os cães percebem a morte que entrou dentro de casa.

Louvado seja São Tolstoi, que foi um leão magnífico entre os bichos domésticos.

Louvado seja Santa Colette, que soube perdoar a si mesma, para depois perdoar o céu, e a terra.

Louvado seja São Guilherme Shakespeare, que recebeu os anjos e os demônios todos, e ainda teve a humildade de cuidar de seus bens materiais.

Louvado seja Santo Alighieri, redator supremo do diário universal.

Louvado seja São Voltaire, que continua a iluminar a estupidez calculada, ou empolgada, e a cancerosa máscara do homem.

Louvado seja São Jônatas Swift, que ficou louco depois de ter sido o lúcido, e apanhava depois de velho.

Louvado seja São Pascal, com o matematismo de sua angústia.

Louvado seja São Hermano Melville, assombrado com o que viu, ou não viu.

Louvado seja São Walt Whitman, que a certos momentos parece ter santificado as coisas.

Louvado seja Santo Heráclito, que falou o essencial sobre a fantasmagoria do tempo e do espaço.

Louvado seja Santo Henrique Ibsen, com os seus olhos dramáticos.

Louvado seja São Calderón de la Barca, pois a vida é sonho.

Louvado seja São Mateus Arnold, pelos versos da praia de Dover, pois a vida não é sonho.

Louvado seja São Frederico Nietzsche, que foi um deus desenganado.

Louvado seja São Paulo Valéry, que chegou cedo demais a minhas mãos.

Louvado seja São Mallarmé, que santificou uma prostituição tão velha quanto a outra.

Louvado seja São Goethe, que sabia tudo, mesmo quando não sabia.

Louvado seja São Tomás Eliot, pela assepsia esquelética de seu verso.

Louvado seja São Guilherme Blake, que nos faz olhar com medo a simetria do tigre.

Louvado seja Santo Afonso Daudet, que foi um grande escritor menor. Ou maior.

Louvados sejam os Santos Gregos, com as tentativas tocantes de um mundo amalgamado de caos e harmonia.

Louvada seja a Santa Sabedoria, da Índia, da China, da Santa Bíblia.

Louvados sejam Santo Ovídio, e São Catulo, com seus carmes de carne.

Louvada seja a Santa Poesia, que articulou para mim o absurdo.

Louvado seja o Santo Ritmo, que me tomou suportável a via dolorosa.

Louvada seja a Santa Semântica, capaz de desmontar a máquina do mundo.

Louvado seja o Santo Humor, que se ri da minha desagregação.

Louvada seja a Santa Forma.
Louvado seja o Santo Espírito.
Louvada seja a Santa Forma.
Louvado seja o Santo Espírito.

EPITÁFIO

Se a treva fui, por pouco fui feliz.
Se acorrentou-me o corpo, eu o quis.
Se Deus foi a doença, fui saúde.
Se Deus foi o meu bem, fiz o que pude.
Se a luz era visível, me enganei.
Se eu era o só, o só então amei.
Se Deus era a mudez, ouvi alguém.
Se o tempo era o meu fim, fui muito além.
Se Deus era de pedra, em vão sofri.
Se o bem foi nada, o mal foi um momento.
Se fui sem ir nem ser, fiquei aqui.

Para que me reflitas e me fites
estas turvas pupilas de cimento:
se devo a vida à morte, estamos quites.

PRÉ-OPERATÓRIO

Il pense qu'il va mourir, enfin et déjà
Philippe Soupault

Antigamente o crime compensava.
O mal, à flor do crime adolescente,
o mal fazia bem ao delinquente.
Do mal à flor uma canção bastava.

Do crime agora sobra a sica rouca.
Lesma a tisnar o ar com sua baba,
sem a haste do aroma, a flor desaba.
Sem endereço a alma acaba louca.

Se a carne é certa, a alma é nebulosa.
Sumiu do muro a porta clandestina.
E é como converter poema em prosa:

Dividido na sua identidade,
babando, bambo, o cão chega à esquina
em que se esfuma o cio da cidade.

BALADA DE AMOR NA PRAIA

Ai como sofre o corpo que se esfrega
no corpo que se entrega e não se entrega

é como a convulsão da preamar
a querer atirar o mar no ar

a onda rija bate como espada
nos musgos da mulher ensolarada

guelras arfantes pernas semifusas
grifam sombras morenas de medusas

e a verde rocha em V vê o duelo
do peixe azul fisgado no amarelo

compondo um bicho humano sobre a praia
que se desfaz em rendas e cambraia

moluscos musculares do desejo
decápode do homem – caranguejo

anêmonas e polvos complacentes
a resvalar de abismos inocentes

como se amar no mar fosse encontrar
nossa animalidade elementar

ou fosse o ser na praia (duplicado
de amor) bicho de amor do mar gerado

cujas garras fatais persuasivas
deslizam pelas angras sensitivas

pelos quadris que dançam pelos frisos
conjugais – ziguezague de mil guizos –

garras que buscam a melhor textura
no ventre no pescoço na cintura

já quase a devorar a lua cheia
no litoral do céu feito de areia

e o sol diz nomes feios para a lua
pedindo que ela entenda e fique nua

para que possa a coisa hermafrodita
mudar a vida breve em infinita

e quando enfim de amor o bicho – arraia
na confusão voraz freme e se espraia

é como a convulsão da preamar
que conseguiu jogar o mar no ar

PARA RONIQUITO

Hamurábi fez um traço
entre o haver e o dever
sem distinguir o trespasso
de meu ser para não ser

Ser-me o perder:
cosmoextorsão
de ser não ser

Euclides se fez o deus
de três seios de harmonia
mas não resolveu os meus
escalenos de agonia

Tritão sem haste:
cosmoincisão
de ser contraste

Arquimedes fez moitão,
roldana, roda dentada,
mas não levantou do chão
o que sou por não ser nada

Nada de lama:
cosmoextrusão
que suja a cama

Alexandre fez a Pérsia,
plantou cidades no grito,
só parou ante a inércia
que fui às portas do Egito

Egito é quando:
cosmoextinção
de onde eu ando

Descartes fez do que viu
intuição, dedução,
mas não viu nem intuiu
o sim vomitando não

Não-sim flamante:
cosmoinversão
do ser arfante

Só o poeta arbitrário
com seus estilos sem corte
tenta o sentido contrário
para rasgar o sudário
que me veste mal na morte

Soluços finos
dos violinos

INSÔNIA

Maria falando sobre música tristíssima de Albeniz
madrugada de garoa em Barbacena
menino doidinho puxando a orelha de Frei Lourenço
frade redondo fazendo fumaças redondas com o charuto
estou brigando com Vaquinha na porta da capela
onde está a machadinha de mamãe?
meu Polar 22 flores amarelas
Branquinho vem voltando bonito ao pombal
como a beleza exaspera
que alvoroço de uma tarde irreparável
Luís me emprestou as obras completas de Verlaine
Tarzã o filho da selva
Jacala o crocodilo
um cartão perfumado de Dorly nos Pensamentos de
[Pascal
Winetou morre no refeitório lágrimas no ensopadinho
morre o leitor de Winetou chamava Cifuentes
menininhas atirando beijos do adro

Padre Questor discorrendo sobre Déspotas Esclarecidos
um vaticínio agudo na chieira do carro de boi
olho do gatinho estourado pela pedra
cavalo mete a cabeça na janela do hotelzinho
é Bernanos que voltou de Cruz das Almas

flores amarelas
monges budistas no aeroporto
japoneses tomam sopa fazendo um ruído de ralo
febre e delírio
ajoelho aos pés de meu avô chorando a fortuna que devo
Maria falando sobre a música tristíssima de Albeniz
flores amarelas flores amarelas
acordo coberto de formigas
tuberculoso quer morder o ar e morre
Pedrinho Paulista desce do trem e morre no jardim
primeiro circo desfilando na rua
olhos de Vivien Leigh na Ponte de Waterloo
Frei Rufino a grande velocidade
res rei rei rem res re
latim é muito fácil
o raio com estrépito no pátio enlameado
dois pretos se trucidando em sangue no bar da cidade
a mulata gorda dança de manhã no bar da Praça da
[República

Maria Albeniz tristíssima
flores amarelas
pestanas arqueadas
olhos verdes azuis castanhos
mão trêmula descalçando luva
glissant de l'épaule à la hanche
la chemise aux plis nonchalants
comme une tourterelle blanche
vient s'abattre sur ses pieds blancs
flores amarelas
barcos apodrecendo no parque
la gare Saint-Lazare
un dimanche d'été à la Grande Jatte

Palermo
o general de Garibaldi dentro do esquife
general peludo coberto com lençol
menina que morreu de queda quando nasci
bispos enormes alçados nas paredes
sol na bruma seca de setembro
flores amarelas
Maria tristíssima
indefinidamente o fiozinho
flores amarelas levadas pelo vento Maria

RELÓGIO DE SOL

De todas as minhas façanhas
a que me dói mais lentamente
é sentir nas minhas entranhas
o meu coração arbitrário
girando em sentido contrário
à parábola do poente.

DECLARAÇÃO DE MALES

Ilmo. Sr. Diretor do Imposto de Renda:
antes de tudo devo declarar que já estou
[(parceladamente) à venda.

Não sou rico nem pobre, como o Brasil, que também
[precisa de boa parte do meu dinheirinho.
Pago imposto de renda na fonte e no pelourinho.

Murchei em colégio interno durante seis anos.
Não cheguei ao fim de nada, a não ser de desenganos.

Fui caixeiro. Fui redator. Fui bibliotecário.
Fui roteirista e vilão de cinema. Fui pagador de operário.

Já estive (sem diagnóstico) bem doente.
Fui acabando confuso e autocomplacente.

Deixei o futebol por causa do joelho.
Viver foi virando dever e fui entrando no vermelho.

No Rio (que eu amava), o saldo devedor
já há algum tempo que supera o saldo do meu amor.

Não posso beber tanto quanto mereço.
Pela fadiga do fígado e a contusão do preço.

Sou órfão de mãe excelente.
Outras doces amigas morreram de repente.

Não sei cantar. Não sei dançar.
A morte há de me dar o que fazer até chegar.

Uma vez quis viver em Paris até o fim.
Mas não sei grego nem latim.

Acho que devia ter estudado anatomia patológica.
Ou pelo menos anatomia filológica.

Escrevo aos trancos e sem querer.
Há contudo orgulhos humilhantes no meu ser.

Será do avesso dos meus traços que faço o meu retrato?
Sou um insensato a buscar o concreto no abstrato.

Minha cosmovisão é míope, baça, impura.
Mas nada odiei, a não ser a injustiça e a impostura.

Não bebi os vinhos crespos que desejara.
Não me deitei nos sossegos verdes que acalentara.

Sou um narciso malcontente da minha imagem.
Jamais deixei de saber que vou de torna-viagem.

Não acredito nos relógios... *the pale cast of thought...*
Sou o que não sou (*all that I am I am not*).

Podia talvez ter sido um bom corredor de distância:
correr até morrer era a euforia da minha infância.

O medo do inferno retorceu as raízes gregas do meu
[psiquismo.
Só vi que as mãos prolongam a cabeça quando já me
[perdera no egotismo.

Não creio contudo em *my self*.
Nem creio que possa revelar-me em *other self*.

Não soube buscar (em que céu?) o peso leve dos anjos e
[a divina medida.
Sou o próprio síndico da minha massa falida.

Não amei com suficiência o espaço e a cor.
Comi muita terra antes de abrir-me à flor.

Gosto dos peixes da Noruega; do caviar russo; das uvas
[de outra terra.
Meus amores pela minha são legião, mas vivem em
[guerra.

Fatigante é o ofício para quem oscila entre ferir e remir.
A onça montou em mim sem dizer aonde queria ir.

A burocracia e o barulho do mercado me exasperam num
[instante.
Decerto fui crucificado por ter amado mal meu
[semelhante.

Algum deus em mim persiste.
Não soube decidir entre a lua que vemos e a lua que
[existe.

Lobisomem, sou arrogante às sextas-feiras, menos
[quando é lua cheia.
Persistirá talvez também, no rumor da tormenta, algum
[canto de sereia.

Deixei de subir ao que me faz falta, não por virtude.
Meu ouvido é fino e dói à menor mudança de altitude.

Não sei muito dos modernos e tenho receios da caverna
[de Platão.
Vivo num mundo de mentiras captadas pela minha
[televisão.

Jamais compreendi os estatutos da mente.
O mundo não é divertido, afortunadamente.

E mesmo o desengano
talvez seja um engano.

BALADA DE AMOR PERFEITO

Pelos pés das goiabeiras,
pelos braços das mangueiras,
pelas ervas fratricidas,
pelas pimentas ardidas,
    fui me aflorando.

Pelos girassóis que comem
giestas de sol e somem,
por marias-sem-vergonha,
dos entretons de quem sonha
    fui te aspirando.

Por surpresas balsaminas,
entre as ferrugens de Minas,
por tantas voltas lunárias,
tantas manhãs cinerárias,
    fui te esperando.

Por miosótis lacustres,
por teus cântaros ilustres,
pelos súbitos espantos
de teus olhos agapantos,
    fui te encontrando.

Pelas estampas arcanas
do amor das flores humanas,
pelas legendas candentes
que trazemos nas sementes,
        fui te avivando.

Me evadindo das molduras
de minhas albas escuras,
pelas tuas sensitivas,
açucenas, sempre-vivas,
        fui me virando.

Pela rosa e o resedá,
pelo trevo que não há,
pela torta linha reta
da cravina do poeta,
        fui te levando.

Pelas frestas das lianas
de tuas crespas pestanas,
pela trança rebelada
sobre o paredão do nada,
        fui te enredando.

Pelas braçadas de malvas,
pelas assembleias alvas
de teus dentes comovidos,
pelo caule dos gemidos
        fui te enflorando.

Pelas fímbrias de teu húmus,
pelos reclames dos sumos,
sobre as umbelas pequenas

de tuas tensas verbenas,
    fui me plantando.

Por tuas arestas góticas,
pelas orquídeas eróticas,
por tuas hastes ossudas,
pelas ânforas carnudas,
    fui te escalando.

Por teus pistilos eretos,
por teus acúleos secretos,
pelas úsneas clandestinas
das virilhas de boninas,
    fui me criando.

Pelos favores mordentes
das ogivas redolentes,
pelo sereno das zínias,
pelos lábios de glicínias,
    fui te sugando.

Pelas tardes de perfil,
pelos pasmados de abril,
pelos parques do que somos,
com seus bruscos cinamomos,
    fui me espaçando.

Pelas violas do fim,
nas esquinas do jasmim,
pela chama dos encantos
de fugazes amarantos,
    fui me apagando.

Afetando ares e mares
pelas mimosas vulgares,

pelos fungos do meu mal,
do teu reino vegetal
        fui me afastando.

Pelas gloxínias vivazes,
com seus labelos vorazes,
pela flor que se desata,
pela lélia purpurata,
        fui me arrastando.

Pelas papoulas da cama,
que vão fumando quem ama,
pelas dúvidas rasteiras
de volúveis trepadeiras
        fui te deixando.

Pelas brenhas, pelas damas
de uma noite, pelos dramas
das raízes retorcidas,
pelas sultanas cuspidas,
        fui te olvidando.

Pelas atonalidades
das perpétuas, das saudades,
pelos goivos do meu peito,
pela luz do amor perfeito,
        vou te buscando.

ARQUITETURA

FOGÃO: DOLORES

DOLORES ERA O NOME DE DOLORES.
CHAGAS VIVAS DE CRISTO SUAS DORES.

TAL QUAL NO SEU ALTAR FOI ABRAÃO.
SOBRE O FOGO ESTENDIA O CORAÇÃO.

EU LIA-LHE LOBATO TODO DIA.
ESCURA COM OS ÓLEOS DE MARIA.

O SEU PERNIL DO CÉU ERA UM PERNIL.
COMO SÃO JOÃO DA CRUZ SANTO E SUTIL.

DOLORES DE VELUDO ERA DOLORES.
CHICOTADAS DE CRISTO SEUS AMORES.

SEU ESPAÇO NO MUNDO FOI BEM GRANDE.
E AQUELA PAZ DE BRAQUE OU DE MORANDI.

MENINICE DE CRISTO SUAS FLORES.
DOLORES ERA A GRAÇA DE DOLORES.

SALA DE JANTAR

FALTAVA UM TEMA A NOSSA COMPANHIA,
FALTAVA A NOSSA MESA CERTO ESPAÇO:

O MAR EM NOSSA CASA NÃO BRAMIA,
MAR DE GRAVURA DÁ CERTO EMBARAÇO.

A CHUVA DE REPENTE ERA ALEGRIA,
À FALTA DE AMPLIDÃO PARA O FRACASSO:

A SERRA DO CURRAL NOS ELIDIA,
O MAR DAS ELEGIAS TRAZ CANSAÇO.

O MAR A NOSSA GENTE NÃO CURTIA,
SÓ O CÉU NOS ABRIA SEU COMPASSO:

SÓ O DENTE DO SAL NOS CONHECIA,
SÓ NO PRATO DE SOPA ERA O SARGAÇO.

SÓ NO PIANO UM BRIGUE ESTREMECIA.
SÓ NA VAGA DO VENTO NOSSO ABRAÇO.

PORÃO

DESLAÇANDO AS MEADAS DESTE VÉU,
ENCONTRO OS OUTROS ONDE ESPERO O SÓ –

ENQUANTO VOU CAINDO PARA O CÉU.

NO REVERSO DO MUNDO EM PROPAGANDA,
UM DOCE DESCOMPASSO DE CIRANDA
TRAZ A MIM, SOMBRA EM FLOR, A MINHA AVÓ.

MENINO-SOL REINANDO NO PORÃO,
AQUI ANDEI SEM MEDO E SEM DEGREDO,
BRINCANDO DE BUSCAR O MEU BRINQUEDO
AONDE SÓ SE VÊ ESCURIDÃO.

A ODISSEIA DO PORÃO COSTURA
A LUZ DO SOL ÀQUELA LUZ ESCURA
QUE VAI ABRINDO OS OLHOS DA CRIANÇA.

NO SUBSOLO TAMBÉM HÁ ESPERANÇA.

ESCRITÓRIO: ACHANDO ELEGIA

DAQUI RESTA DE MIM O REPERTÓRIO
DAS MÁSCARAS, UM DRAMA DE VIVÊNCIAS,
FUGAS, SUBLIMAÇÕES, AMBIVALÊNCIAS,
MARES, TEATROS, FAIAS, DE ESCRITÓRIO.
MENINO, AQUI, NUMA SEMANA SANTA,
CURVO E SEM RUMO, A REVOAR, ACHEI
O JARDIM SEPULCRAL DE THOMAS GRAY:
QUE, DESDE CEDO, AQUELE QUE SE ESPANTA,
SOZINHO, EM FESTA, MONTA A SUA VIDA
NAS PEÇAS DE CORDEL DO CLAUSTRO HUMANO,
PARA SEGUIR ALÉM DE SEU ENGANO,
E DESTE LABIRINTO ACHAR SAÍDA.
NAS TRAMAS DO ABAJUR, ARTE POÉTICA,
A VIDA TEM DE SER A LUZ HERMÉTICA.

"SOLITUDE BLEUE": CONVERSA FIADA NO JARDIM

A BUGANVÍLIA BRIQUE SUTILIZA
UM EROS SONOLENTO E SEM NARIZ.

PODE UM DEUS ALEIJADO SER FELIZ?

QUANDO TE RIS EM FLOR, SE RI A BRISA.

QUE FAZ UM ESPANTALHO CONTROVERSO
NESTE JARDIM MADURO?

PROSA. VERSO.
MEU MAL DE MALLARMÉ FOI EM PARIS:
A SOLIDÃO AZUL NÃO ME HORRORIZA.

A TARDE, POR UM FIO, NARCOTIZA
O AMOR DE TERRACOTA EM VERDE-GRIS.

O RELÓGIO DE SOL FOI O MEU ERRO.

QUE PASSO INCERTO AMAR ESTE DESTERRO!

O SEM-FIM VIM BUSCAR NESTE JARDIM
DO QUAL ME CABEM SÓ HORAS DE MIM.

VARANDA

DE LÁ SE VIA UM MURO TRANSPARENTE
E ALÉM UNS MARES LENTOS E FACUNDOS,
ROTEIROS RETORCIDOS, SUBMUNDOS
DE PORÕES RECRIADOS NUM REPENTE
DE LUZ DAS VESPERAIS DE ANTIGAMENTE,
TRILHAS NAVAIS, ROMANCES VAGABUNDOS,
ENTRELAÇADOS MARES ORIUNDOS
DE SER A GENTE UM ENTE DIFERENTE
QUE SÓ PRETENDE O QUE NÃO VÊ E VÊ
DE OLHOS LIMPOS AQUILO QUE NÃO HÁ,
GENTE DESMEDIDA QUE DESCRÊ
DE QUANTO EXISTE PARA VER E ESTÁ
SEMPRE ELUDINDO O MURO E QUE DEMANDA
O CÉU A TERRA O MAR DE UMA VARANDA.

JARDIM: AMANHECER

INTERMINAVELMENTE AGORA ME FASCINA
NO PEDESTAL DO TEMPO O MÓVEL MONUMENTO
DA ROSA A DESLIZAR NA PAZ DE SEU TORMENTO.

TALVEZ ASCENDA AO CÉU A ROSA QUE DECLINA.

DAS GRAÇAS DA MATINA À AVE VESPERTINA
PODE UMA QUEDA ALÇAR ALGUÉM AO
[FIRMAMENTO?

NÃO DIGO: APENAS LEGO A ROSA – EM
[TESTAMENTO
DESTA MANSA MANHÃ – À TARDE DE RAPINA.

SE DIGO, PODE SER QUE O CORVO ME DESDIGA.
MAS DIGO: VAI COMIGO UM DOIDO QUE ME
[RESTA.
AO AJUSTAR O SIM AO NÃO ME DESAVIM.

É SEMPRE DO INDIZÍVEL QUE SE FAZ CANTIGA.

AO ABRIR O PORTÃO DO DIA ME FAZ FESTA
COMO UM CÃO AMOROSO, INSTANTE, O MEU
[JARDIM.

FINIS CORONAT OPUS

ESTE SONETO COMO UM CEGO EM GAZA.

ESTE SONETO CHORA DE SE VER.

ESTE SONETO CHORA POR QUERER,
POR CHORAR, POR DOER, CHORA UMA CASA.

ESTE SONETO CHORA PORQUE TRAZ
NA SUA SALVA O BEM QUE NOS FAZ MAL.

CHORA NO ETERNO A GRAÇA TEMPORAL.

SE A CASA SE DESFAZ QUANDO SE FAZ,
ESTE SONETO CHORA SEM SENTIDO.

TALVEZ CHORE DO ASSOMBRO DE TER SIDO
SÓ GLOSA DO REFLEXO DUMA ROSA.

ESTE SONETO CHORA POR SER PROSA.

PROSA CERZIDA POR UM ARQUITETO
QUE JÁ SE DEMOLIU NO SEU PROJETO.

PROJETO

DE PAPEL E NANQUIM É UM BRINQUEDO
PERIGOSO, IDEAL, NOSSA MORADA.
DAS SUAS DIMENSÕES NOS É VEDADA
A QUARTA, QUE, TORCIDA PELO MEDO,
DOS PROJETOS HUMANOS FAZ PERGUNTAS.

SÃO REINTRANTES ESTAS DUAS PLANTAS:
NA PLANTA ALTA VÃO CHORAR INFANTAS,
NA PLANTA BAIXA VÃO SORRIR DEFUNTAS.

ESTE DIEDRO GEME COMO UM CÃO.
MAS DAS ARESTAS MIARÁS À LUA.

PARA ABRIR OU FECHAR A TUA RUA,
ESTES DOIS RISCOS TRAMAM TEU PORTÃO:
REGRESSA HORIZONTAL DAS PARALELAS
QUEM VERTICAL, GENTIL, ENTROU POR ELAS.

TANQUE DE ROUPA: SCHERZO

ERA UMA TARDE PASTORIL MINEIRA,
ERAM CIRROS E CÚMULOS MENTAIS,
ERA O DOLCE STACCATO DA TORNEIRA,
VIRAÇÕES DE OFFENBACH PELOS VARAIS,
ERAM TRÊMULOS BARROCOS DE ROSEIRA,
TRISSOS DE AMOR NAS FRINCHAS DOS BEIRAIS,
ERA UMA TARDE ABRIL À BRASILEIRA,
ERA UMA TARDE ARDIL MINAS GERAIS.

E ERA NA TARDE TARDE REDUNDANTE
– LONGE VESTÍGIO EM MEIGO PERGAMINHO –
UM REFLUIR AZUL DE MAR DISTANTE.

ERA UMA TARDE ESTÁTICA DE DEUS.

MAS A BOCA DA NOITE DE MANSINHO...

E A TARDE ANIL RENDEU A ALMA. ADEUS.

JARDIM NOTURNO: SCHERZO

AS BRUXAS CATAM RÃS PELAS BROMÉLIAS.
DA NOITE DE VALPÚRGIS CORRE SANGUE.
SUGA O VAMPIRO OS SAPOTIS DO MANGUE.
TUBERCULOSAS, TOMBAM AS CAMÉLIAS.

SEM SABER SE NASCEU OU É O FIM,
O GURI GRUDA A ALMA NA VIDRAÇA:
EM LUFADAS SONORAS DE DESGRAÇA
BEETHOVEN ANDA SOLTO NO JARDIM.

ROMPEM DO CHÃO DIABOS A GUINCHAR,
ANÕES FELPUDOS MIJAM NA PISCINA.

DÁ GRITOS INFELIZ CASUARINA
ACORRENTADA ÀS TRANÇAS DO LUAR.

DEPOIS (NUM DOCE ANDANTE) O CÉU SE
[DESINFLAMA.
E AÍ BEETHOVEN (BOM MENINO) VAI PRA CAMA.

BANHEIRO

AI! CIOS A VELAR NA LUZ DE OUTONO!
AI! DUVIDOSOS CÂNTAROS DO SONO!

OH! SAGRAÇÃO DE ESPOROS PENETRANTES!
AH! PRESILHAS DE PÁSSAROS ARFANTES!

AH! PRIMÍCIAS DOURADAS COMO UM TRONO!
OH! GAZELAS DISTENSAS DE ABANDONO!

AH! TRILHAS VACILANTES DE NEBLINAS!
OH! DRÍADES FRUÍDAS NAS PISCINAS!

OH! ALUSÕES MORENAS DE AZULEJOS!
AH! ESPELHOS PERVERSOS DE DESEJOS!

OH! CHAMA RETESADA EM MUSSELINAS!
AH! MUSGOS VIOLADOS DE MENINAS!

(*À TARDE FAUNO E NINFA VÃO AO BANHO*)

AH! OH! GAROA BRUSCA EM CÉU CASTANHO!

NOVENA

EM MAIO DE MARIA DAVA À SALA
UM HÁLITO DE MURCHAS LABIAIS,
UM MARULHAR TARDIO DE SENZALA,
UMAS CARCAÇAS PURGATORIAIS,
MAGRIÇAS CONVULSIVAS DA CABALA,
ENFISEMAS, MANTÉUS IMPERIAIS,
UM CORCUNDA GOYESCO DE BENGALA,
E CRIANÇAS DE TRANÇAS SEPULCRAIS.

AS REZAS CREPITANTES ERAM FESTAS
NAS QUAIS JAMAIS DEU FLOR UM MORIBUNDO:
IA-SE A MORTE EM BOGARIS QUE O VENTO
A TAPAS ENFIAVA PELAS FRESTAS.

NAS NOVENAS LATIA DO ALÉM-MUNDO
O CÃO QUE ME APARTAVA DO MOMENTO.

JARDIM: BOCA DA NOITE

RESSOAM NO JARDIM MEUS AMARELOS.

SEM HASTE A FLOR DISTENDE SEU PERFUME.

EM MIM SE IMBRICA O ALÉM DE MIM. O GUME
DA NAVALHA ARGUIU MEUS PARALELOS.

A BORBOLETA AJUSTA SEUS DUELOS
COM O INCONSÚTIL, E, SUTIL, ASSUME
O ABISMO QUE ME VAI DE VERME A LUME.

SE OS PASSOS QUE NÃO DOU SÃO OS MEUS ELOS,
AQUILO A QUE ME AGARRO É QUE ME PRENDE.

JÁ VOU ACHANDO O QUE NÃO MAIS PROCURO.
NA TRANSFIGURAÇÃO DO CHIAROSCURO
O QUE ME PRENDE AQUI JÁ SE DESPRENDE
DO QUE SE VAI (SE FOR) E É MEU ENFIM
QUEM VAI (SE FOR): É MEU JARDIM.

MURO, JARDIM, PAI

DEPOIS DO MAL NOTURNO, UM SOL PROFUNDO
É A CASA DE MEU PAI NO FIM DO MUNDO.
APARECE O PAI, MAS DESAPARECE,
E O DOM DE SEU OLHAR NOS AMANHECE.

POR ESTA LUZ QUE VAI E NÃO SE ESVAI,
PELO JARDIM ESCURO, CLARO, ESCURO,
A GLÓRIA DE MEU PAI ENTROU NO MURO.
NA GLÓRIA DESTE MURO ESTÁ MEU PAI.

EXILADO NA GLÓRIA, O PAI ME ESPIA
DA IRA EM QUE SE ACABA A LUZ DO DIA,
E A LUZ DE SEU OLHAR, QUANDO ANOITECE,
DESAPARECE, MAS REAPARECE.

E, APARECENDO E DESAPARECENDO,
OS FIOS DESSE OLHAR ME VÃO TECENDO.

O DOMINGO AZUL DO MAR

OS DOMINGOS

Todas as funções da alma estão perfeitas neste domingo.
O tempo inunda a sala, os quadros, a fruteira.
Não há um crédito desmedido de esperança
Nem a verdade dos supremos desconsolos –
Simplesmente a tarde transparente,
Os vidros fáceis das horas preguiçosas,
Adolescência das cores, preciosas andorinhas.

Na tarde – lembro – uma árvore parada,
A alma caminhava para os montes,
Onde o verde das distâncias invencidas
Inventava o mistério de morrer pela beleza.
Domingo – lembro – era o instante das pausas,
O pouso dos tristes, o porto do insofrido.
Na tarde, uma valsa; na ponte, um trem de carga;
No mar, a desilusão dos que longe se buscaram;
No declive da encosta, onde a vista não vai,
Os laranjais de infindáveis doçuras geométricas;
Na alma, os azuis dos que se afastam,
O cristal intocado, a rosa que destoa.
Dos meus domingos sempre fiz um claustro.
As pétalas caíam no dorso das campinas,
A noite aclarava os sofrimentos,
As crianças nasciam, os mortos se esqueciam mortos,

Os ásperos se calavam, os suicidas se matavam.
Eu, prisioneiro, lia poemas nos parques,
Procurando palavras que espelhassem os domingos.
E uma esperança que não tenho.

AUTORRETRATO

Nos olhos já se vê dissimulada
Preocupação de si, e amor terrível.
A incessante notícia de uma luta
Com as panteras bruscas do invisível
É como a sensação de sede e fome.
Mudo, na cor translúcida da face
Já se insinua o pálido comparsa.
Na fronte existe um vinco que disfarça
Qualquer coisa... se acaso disfarçasse.
Mas não se vê o coração que come
O sangue espesso da melancolia.
Na boca, outro sinal de uma disputa
– Discórdia, dispersão e covardia –.
E um traço calmo buscando castidade.
No rosto todo, a usura da saudade.

ELEGIA 1947

Chegou o tempo do erostrato,
o demiúrgico miar de caçoilas fumarentas
sobre campos de sono: um prazer que não virá.
É tempo de Artêmis e de Ana,
de defunção dos pés despetalados,
e Nêmesis recolhendo máquinas carnívoras
na preamar das injustiças.
Chegou o tempo adunco
de palavras estranhas sem sentido,
tempo de absurdos cornos paranoicos.
O chapéu do tirano
rola na rua fofa. A lua
pastoreia os animais orgulhosos.
É tempo de artefato de fábula,
tempo de algazarra e morticínio,
de ênfase escarvante em praça pública.

Somos todos umas tórtulas queixosas,
fragmentos de outono,
almas costuradas ao ícone, sopro exausto.
Sobre nós, entretanto, o sol real abriu os olhos claros.
O sol imaculado é bom
e a gente ponteia uma viola noturna de dois mil anos.
É tempo de embrulhos clandestinos,

de desejos viscosos sobre a língua,
tempo de partir em pedacinhos,
de experimentar ao contrário,
de ver se resiste, de transpor, de decompor,
de abrir os dedos e cortá-los.
Chegou o tempo de monarcas, de rainhas-mães sob
[a pele
carcomida, de condes e viscondes e arquiduques, de
[fidalgos,
galgos, tempo das películas, dos brocados, das faianças
e toda a pedraria-auri-
fulgente do El-Dorado.
As coisas se escondem
porque debaixo vem inundando um óleo, um ódio.
O polichinelo esconde o conde,
a dama está nas praias de Atanamba,
é a condessa desquitada,
tem hacaneias mil e dança sobre as ondas.

É tempo de homem, bíceps de homem,
de pés no chão, bactérias e venenos minerais,
tempo do entrecortado destino.
Chegou o tempo de abusões.
Um dorme
outro dança.
A eglantina falece de escarlatina.
O penhor dos pobres é Deus –
e ainda não é tempo de Deus.

ODE A FEDERICO GARCÍA LORCA

O sol surpreende teu corpo em direção de Córdoba. Laranjais
em flor. Tua alma em flor e em canção.
Corpo, alma, canção, no laranjal desaparecem, mas se ouve
um rumor desgarrado de poesia,
murmúrio espesso, indiferente à imperfeição oceânica e à
língua seca do tempo.
Cantava uma ardência miraculosa de músculo possante por-
que era verão em Espanha e tua carne vivia,
sem látegos enfermos, com infantilidades de namorada na
paisagem de teus olhos.
É noite nesta cidade distante, mas em festa de sol é que escuto
teus passos e teu canto.
Caminhaste demais, caminhaste sempre, até que das torres de
Granada a noite baixasse,
e quando a sombra te abraçou, tua cabeça prodigiosa repou-
sou na água silente, a água recebeu teu pensamento
grave e amigo e veio até nós, alagando o alheamento frio.
Não se percebe de súbito o pranto. Mas se encosto meus
dedos à face noturna,
sei que o tempo soluça e existe nada mais que desamparo,
que persistem guitarras arrepiando a carne da madeira,
que o vento se agarra à cabeleira das árvores e permanece,
que a vida perdida se refugiou no lago perdido;

se alguém lembrar que o teu coração se esquece em uma cisterna ignorada,
nossas pernas incuráveis e gigantescas hão de andar a noite toda a procurar-te.

Há uma orfandade enorme nas coisas mais simples.
Quem dirá a infinita beleza das caçarolas de cozinha, dos espanadores e de uma garrafa abandonada?
Os olmos de tua terra se crestaram na sombra, as ribeiras indecisas já não choram porque ninguém mais sabe que elas choram.
Em Santiago chove ainda, chove ainda no mundo, mas é chuva implacável, sem reminiscência de ternura.
Enquanto os poetas se atiram ao mar, minhas unhas arranham a pele da noite e sei que existes.
Tanta palavra ensinaste às coisas sequiosas! E as coisas, e nós todos, não passaremos por ti desfalecidos
porque plástico e atormentado era o teu amor.
Devolvo-te meu canto imperfeito no espanto de um menino que lançasse uma pedra no fundo de um poço e em vão esperasse o baque final tão cheio de paz.
Não há resposta. Granada é tão longe. E eu estou preso às lombadas de meus livros de bronze, à visão desses arbustos sem raiva que não sei dizer. Lembrar o adverso me amedronta indefeso.
Na inexorável Nova Iorque, teus olhos debruçaram-se na ponte de Brooklin, e apenas teus olhos existem na ponte de Brooklin.
Ouviste a angústia incomparável dos olhos oprimidos de Harlem,
e o desesperado rei de Harlem cujas barbas chegavam até o mar.

Uniste tuas mãos diante de um mascarado que bailaria entre números e colunas de sangue,
lutaste com a lua nos terraços, te perdeste ao meio da multidão que vomita,
e te sentiste apenas um pulso ferido, e nem um poeta e nem um homem; gritaste, porque nada mais havia, senão um milhão de carpinteiros fabricando ataúdes sem cruz,
e percebeste que não era um sonho, mas a vida, com criaturas do céu enterradas na neve,
com um enxame de moedas devorando crianças indefesas, com camareiros, cozinheiros e os que limpam com a língua as feridas dos milionários,
com um mundo de mortos embebidos em devorar suas próprias mãos,
com ricaços putrefatos que dão de presente a suas amadas pequenos moribundos iluminados,
e caminhaste pelos bairros onde há gente que vacila insone como saída de um naufrágio de sangue,
e caminhaste pelos olhos dos idiotas e pelas mãos inconcebíveis de uma humanidade em vermelho.
E, porque contemplaste Nova Iorque, aprendeste que a verdadeira dor não está no ar, nem nos terraços cheios de fumo
mas que é uma pequena queimadura infinita, e nada mais pudeste cantar, García Lorca, porque em tuas pupilas se refugiaram mendigos, prostitutas, marinheiros, gente de casta inumerável.

Debaixo das contas de somar, havia um rio de sangue terno cantando pelos dormitórios dos arrabaldes,
e embora a aurora chegasse inútil para Nova Iorque, sem manhã ou esperança possível,

tu a recebeste em tua boca impoluta e nas veias onde queimava o teu sangue de espanhol verdadeiro,
porque aguardavas em combate uma luz desmedida que os ricos temessem, e quiseste, e nós queremos, que se cumpra a vontade da terra que deseja distribuir seus frutos para todos. Porque eras um homem de lábios de prata e uma palmeira.
Na tranquila noite mineira, teu grito de justiça rompe o céu apodrecido de Nova Iorque e grita dentro de nós.
Há uma orfandade enorme.
Sei que conheces todos os caminhos como se foras um menino, mas, ao meio de todas as vozes que te cercaram, colaste teus ouvidos aos pulmões enfermos da cidade e não ficaste indiferente ao arquejo que captaste,
um pedaço de voz entrecortado, um coro sem música, sem tranquilidade nenhuma
que irrompia de gargantas humanas submersas.
Não fugiste em tropel para as ilhas de ouro, embora fosses o dono de todos os cavalos brancos.
Poeta de palpitações suaves, aceitaste em teu rosto os borbotões de sangue,
e embora o milagre de teus olhos ciganos,
quiseste ser apenas um sinaleiro e não enfaixaste a chaga do mundo em gaza de palavra imaginária,
antes espremeste sobre nós o caldo amargo de tua visão compadecida, sem esconder a tua face translúcida, a lírica permeabilidade de tua pele às maresias do mundo.
Seria agora inútil e patético, García Lorca, suspender a minha voz no céu irresponsável e indagar onde estás.
Estás à sombra das oliveiras, talvez, nos olhos sem tempo dos bois, no teu túmulo, talvez,

à beira dos riachos, à beira dos pensamentos de misericórdia,
nos versos melhores que fazemos,
acompanhando a lua na visita às cidades destruídas, no soluço
definitivo dos moribundos fuzilados,
no ar, no vento, na chuva, estás por toda parte, porque a palavra amor não desmorona nunca.

NESTE SONETO

Neste soneto, meu amor, eu digo,
Um pouco à moda de Tomás Gonzaga,
Que muita coisa bela o verso indaga
Mas poucos belos versos eu consigo.
Igual à fonte escassa no deserto,
Minha emoção é muita, a forma, pouca.
Se o verso errado sempre vem-me à boca,
Só no meu peito vive o verso certo.
Ouço uma voz soprar à frase dura
Umas palavras brandas, entretanto,
Não sei caber as falas de meu canto
Dentro de forma fácil e segura.
E louvo aqui aqueles grandes mestres
Das emoções do céu e das terrestres.

MARINHA

Voará no céu quem ao céu pertence.
A poesia do mar confunde os peixes
Porque navegará no mar quem é do mar.
Uiva o lobo contra as ondas,
E o dente duro do barqueiro morde o peixe
E ele cospe no mar que ajuda seus pulmões.
Pássaros, criaturas atônitas,
Avançam no vento e vencem
Uma batalha de plumas – porque
Os pássaros do céu voarão no céu.
A amarugem corrói o aço dos navios:
Pode o navio partir ou ficar,
Pode a quilha resistir ou quebrar-se,
O piloto enlouquecer ou dobrar seus cuidados.
Sucesso, desastre,
Palavras que a brisa propala na praia.
Pode a gaivota ganir, cortando o nevoeiro,
Sem desencadear os mistérios que a definem.
O tempo ilumina uma cidade,
Mastro alastrado de flâmulas novas,
Sapatos achados na orla de um golfo,
Cofre de prata, pedaços de escaleres,
Objetos perdidos que o mendigo recompõe.
E recomposto, seu segredo se dispersa.

NO VERÃO

Inventaremos no verão os gritos
Verberados na carta episcopal.
Somos apenas pássaros aflitos
Que nada informam da questão moral.

Tens os olhos audazes, infinitos,
E eu sinto em mim o deus verde do mal,
De nossas almas nascerão os mitos,
De nossas bocas uma flor de sal.

Deitaremos raízes sobre a praia
A jogar com palavras inexatas
O desespero de se ter um lar.

E quando para nós enfim se esvaia
O demônio das coisas insensatas
Nossa grandeza brilhará no mar.

A FESTA

O bêbado tem uma festa
Marcada em algum lugar,
Antes de vir a manhã
Abrir as luzes do ar.

O bêbado tem um encontro
A que não pode faltar.
Será a dama de espadas?
Será a dama do mar?

O bêbado ficou mais bêbado
Foi de tanto tropeçar,
Seu rosto ficou mais pálido,
Mais estranho o seu olhar.

O bêbado pode ser tudo,
Só não pode descansar.

Como descansamos nós
Que não sabemos dançar.

SENTIMENTO DO TEMPO

Os sapatos envelheceram depois de usados
Mas fui por mim mesmo aos mesmos descampados
E as borboletas pousavam nos dedos de meus pés.
As coisas estavam mortas, muito mortas,
Mas a vida tem outras portas, muitas portas.
Na terra, três ossos repousavam
Mas há imagens que não podia explicar; me
[ultrapassavam.
As lágrimas correndo podiam incomodar
Mas ninguém sabe dizer por que deve passar
Como um afogado entre as correntes do mar.
Ninguém sabe dizer por que o eco embrulha a voz
Quando somos crianças e ele corre atrás de nós.
Fizeram muitas vezes minha fotografia
Mas meus pais não souberam impedir
Que o sorriso se mudasse em zombaria
E um coração ardente em coisa fria.
Sempre foi assim: vejo um quarto escuro
Onde só existe a cal de um muro.
Costumo ver nos guindastes do porto
O esqueleto funesto de outro mundo morto
Mas não sei ver coisas mais simples como a água.
Fugi e encontrei a cruz do assassinado
Mas quando voltei, como se não houvesse voltado,
Comecei a ler um livro e nunca mais tive descanso.
Meus pássaros caíam sem sentidos.
No olhar do gato passavam muitas horas

Mas não entendia o tempo àquele tempo como agora.
Não sabia que o tempo cava na face
Um caminho escuro, onde a formiga passe
Lutando com a folha.
O tempo é meu disfarce.

TRÊS COISAS

Não consigo entender
O tempo
A morte
Teu olhar

O tempo é muito comprido
A morte não tem sentido
Teu olhar me põe perdido

Não consigo medir
O tempo
A morte
Teu olhar

O tempo, quando é que cessa?
A morte, quando começa?
Teu olhar, quando se expressa?

Muito medo tenho
Do tempo
Da morte
De teu olhar

O tempo levanta o muro.

A morte será o escuro?

Em teu olhar me procuro.

O TEMPO

Só no passado a solidão é inexplicável
Tufo de plantas misteriosas, o presente
Mas o passado é como a noite escura
Sobre o mar escuro

Embora irreal o abutre
É incômodo o meu sonho de ser real
Ou somos nós aparições fantasiosas
E forte e verdadeiro o abutre do rochedo

Os que se lembram trazem no rosto

A melancolia do defunto

Ontem o mundo existe

O agora é a hora de nossa morte.

TEMPO-ETERNIDADE

La sensualité, chère amie, consiste simplement à
considerer comme une fin et non comme un moyen
l'objet présent et la vie présente.

André Gide

O instante é tudo para mim que ausente
Do segredo que os dias encadeia
Me abismo na canção que pastoreia
As infinitas nuvens do presente.

Pobre do tempo, fico transparente
À luz desta canção que me rodeia
Como se a carne se fizesse alheia
À nossa opacidade descontente.

Nos meus olhos o tempo é uma cegueira
E a minha eternidade uma bandeira
Aberta em céu azul de solidões.

Sem margens, sem destino, sem história,
O tempo que se esvai é minha glória
E o susto de minh'alma sem razões.

SONETO DE PAZ

Cismando, o campo em flor, eu vi que a terra
Pode ser outra terra, de outra gente,
Para o prazer armada e competente
E desarmada para a voz da guerra.

No chão, olhando o céu que nos desterra,
Sem terminar falei, presente, ausente,
Ó vento desatado da vertente,
Ó doce laranjal sem fim da serra!

Mais tarde me esqueci, mas esse instante
De muito antiga perfeição campestre
Fez-me constante um pensamento errante:

Era o sem tempo, a paz da eternidade
Unindo a luz celeste à luz terrestre
Sem solução de amor e de unidade.

A UMA BAILARINA

Quero escrever meu verso no momento
Em que o limite extremo da ribalta
Silencia teus pés, e um deus se exalta
Como se o corpo fosse um pensamento.

Além do palco, existe o pavimento
Que nunca imaginamos em voz alta,
Onde teu passo puro sobressalta
Os pássaros sutis do movimento.

Amo-te de um amor que tudo pede
No sensual momento em que se explica
O desejo infinito da tristeza,

Sem que jamais se explique ou desenrede,
Mariposa que pousa mas não fica,
A tentação alegre da pureza.

DESPEDE TEU PUDOR

Despede teu pudor com a camisa
E deixa alada louca sem memória
Uma nudez nascida para a glória
Sofrer de meu olhar que te heroíza

Tudo teu corpo tem, não te humaniza
Uma cegueira fácil de vitória
E como a perfeição não tem história
São leves teus enredos como a brisa

Constante vagaroso combinado
Um anjo em ti se opõe à luta e luto
E tombo como um sol abandonado

Enquanto amor se esvai a paz se eleva
Teus pés roçando nos meus pés escuto
O respirar da noite que te leva.

POEMA DE DEZEMBRO

Teu corpo criará raízes no meu pensamento.

Eu te espio de perto
Querendo apagar o teu rosto com a mão.
Ando mais depressa que o teu desejo.

És bela
De uma juventude que arrisca as horas maduras.
À tarde, o verão agrava-te a beleza.

Nós adoramos a praia e ficamos eternos.

DOMINGO EM PARIS

O carrossel faz girar a tarde em calma.
Tão perto de mim este domingo e tão fiel
Que ouço todos os desejos de sua alma.
Sinto as refrações, as escamas luminosas,
A cor, o peso, o ritmo da rosa
De todos os instantes.
Vejo o outono caindo,
O voo inclinado de uma ave,
Os barcos indo,
O Sena – grave – fatigando um pouco os amantes.
Poderia ficar pensando em pensamento...
Tão perto no entanto... Seria tudo excesso.
Que se trata de um domingo muito íntimo de Paris,
É certo, não sei por quê. Também adivinho
Que toda gente se crê
Alta, misteriosa, infeliz.

UM POETA NO MUNDO

Passaram céus
Passaram rosas
Passaram rios.

Ficou-me a cor do céu
O perfume da rosa
O ritmo do rio.

Passou o tempo de assassinar
Passou o tempo de ser bom.

Cidades
Amigos
Desejos.

Ficou-me a palavra mais pura.

Depois
Voltei a encontrar o rio
Mais alta, na haste,
A rosa,
Mais alto, no céu,
O céu.

UM DIA DE HOMEM

O sol abriu as janelas do Atlântico.
Pescadores colhiam devagar um pouco de mar.
Eram belos, inquietos, os peixes com os olhos.
Que coisa antiga um homem na praia!
A maresia lhe fala às narinas a liberdade do sal.
Que tarde é a tarde de um homem!
A rede telefônica é uma extensão urbana de meus
[nervos.
Caminhei em túneis, o Grão-Mestre, meu amigo,
Sorriu-me com sinistra indiferença.
Dentro dos ascensores,
Distraído, a olhar os seios de uma loura,
Dói-me uma coisa intratável do mar de manhã.
Providenciei mil vezes, comprometi-me, falso e delicado,
E a tarde foi caindo.
Dentro do sono infeliz
O ruído do mar implacável.

AMOR CONDUSSE NOI AD UNA MORTE

Quando o olhar adivinhando a vida
Prende-se a outro olhar de criatura
O espaço se converte na moldura
O tempo incide incerto sem medida

As mãos que se procuram ficam presas
Os dedos estreitados lembram garras
Da ave de rapina quando agarra
A carne de outras aves indefesas

A pele encontra a pele e se arrepia
Oprime o peito o peito que estremece
O rosto o outro rosto desafia

A carne entrando a carne se consome
Suspira o corpo todo e desfalece
E triste volta a si com sede e fome.

RURAL

Ao virginal lençol de margaridas
Ia o vento falar de poesia,
Encanto do menino que tangia
Os bois para as colinas coloridas.

Junto a devesas, rosas comovidas
Provocavam a minha hipocondria
Sem perturbar porém a cortesia
Que esconde meus silêncios homicidas.

O campo se revela e se mascara
De mágoas que o menino não entende
Que os bois entendem mas não dizem nada.

Silfo? Menino? Ele adivinha. Para.
E a flauta de bambu na tarde acende
O sentimento antigo de uma estrada.

A MORTE

Ontem sonhei com a morte
Por duas horas desertas:
As pálpebras não se fecharam,
Antes ficaram abertas.
Os olhos esbugalhados
Cravados num ponto incerto,
Por fora desesperados,
Por dentro o mal do deserto.
Todo de preto vestido
Me aparteava a nudez
De estar ali sem sentido
De um mundo que se desfez.
Se alguém quisesse podia
Cuspir-me em cima do rosto
O nojo que lhe subia
De ver-me assim tão composto.
Talvez um ríctus na boca
O meu segredo explicasse,
Foi-me sempre a vida pouca
E era a morte o meu disfarce.
Vi-me no esquife hediondo,
As mãos cruzadas de vez,
Vi-me só me decompondo,
Doído de lucidez.

Senti o cheiro das flores,
As velas que crepitavam,
O enjoo forte das cores
Que minha morte enfeitavam.
Vi um remorso ingente
Chegar ao pé do caixão,
Um animal repelente
Feito de amor e paixão.
Um padre de voz plangente
Depois de orar disse amém,
Em torno os olhos da gente
Me sepultavam também.
Sei que tudo era aflição
No meu destino acabado:
O terror da solidão
Ia comigo deitado.

EM NOITE TROPICAL

A noite se perfumava
Da brisa do roseiral.
Respirei o ar de Deus
No sono do vegetal,
Mas não gostava da lua
Com seu brilho mineral
Porque sem dizer a ela
Me fazia muito mal
Temer a todo momento
A voz de um policial.
Inês despida na relva
Era uma Inês irreal.
O claro-escuro do ventre
Luzia na noite nua
Como as luzes de um punhal.
Quando depois se vestia
A aurora amadurecia
As copas do pinheiral.

O SUICIDA

Quando subiu do mar a luz ferida,
Ao coração desceu a sombra forte,
Um homem triste foi buscar a morte
Nas ondas, flor do mal aos pés da vida.

Com lucidez tremeu olhando tudo
Como um falcão de súbito no alto
Estremece sentindo o sobressalto
Do abismo que lhe fala porque é mudo

Às vezes vou ali, fico a pensar
Na paz que lhe faltou e que me falta
E no confuso alarme do meu fim.

O infinito silêncio me diz – "salta",
Enquanto faz-me a brisa respirar
O fumo da cidade atrás de mim.

OS LADOS

Há um lado bom em mim.
O morto não é responsável
Nem o rumor de um jasmim.
Há um lado mau em mim,
Cordial como um costureiro,
Tocado de afetações delicadíssimas.

Há um lado triste em mim.
Em campo de palavra, folha branca.

Bois insolúveis, metafóricos, tartamudos,
Sois em mim o lado irreal.

Há um lado em mim que é mudo.
Costumo chegar sobraçando florilégios,
Visitando os frades, com saudades do colégio.

Um lado vulgar em mim,
Dispensando-me incessante de um cortejo.
Um lado lírico também:

Abelhas desordenadas de meu beijo;
Sei usar com delicadeza um telefone,
Não me esqueço de mandar rosas a ninguém.

Um animal em mim,
Na solidão, cão,
No circo, urso estúpido, leão,
Em casa, homem, cavalo...

Há um lado lógico, certo, irreprimível, vazio
Como um discurso.
Um lado frágil, verde-úmido.
Há um lado comercial em mim,
Moeda falsa do que sou perante o mundo.

Há um lado em mim que está sempre no bar,
Bebendo sem parar.

Há um lado em mim que já morreu.
Às vezes penso se esse lado não sou eu.

SONHO DE UMA INFÂNCIA

Meu sonho, breve emoção,
A tarde deitada no limoeiro,
Paralelas de aço se agarrando no longe.
Há muito tempo que fui infeliz
E desconhecia meu corpo embrulhado nas vestes.
Um cisne repetia o facílimo soneto do exílio.
Animais do ar esvoaçavam,
Flores se assustavam, muito altas, olhando o momento.
Nascia por nascer a vida tímida.
Os minutos respiravam cadenciados
Como a criança próxima à grande cachoeira.
Breve emoção da pedra, meu sonho
Ficava difícil,
Sol entre constelações remotas.
Sempre a palavra de um poema se perdia.
Um barco remava entre chamas, um coração se
[consumia,
A noite erguida apagava o meu desejo de pensar.
Vi como se desprende de um pântano a garça nua,
Vi a fantasia e a tristeza de meu ser.
Foi há muito, entre o mineral silencioso,
Há muito tempo que nasci da infância para crescer
Entre milícias douradas que marchavam cantando.

Deixarei meu destino como a pátria.
Renovando a aventura, reinarei entre vós,
Sonhos fiéis.
Sobe a fumaça na caligem de uma tarde chuvosa.
Sinto o aroma feliz do bife,
A friagem do ladrilho onde estraçalho um besouro,
O tinir da louça, a água caindo no zinco.
Estamos grandes, do tamanho de um defunto.
Morte, emoção de meu sonho,
Surda floresta que voa no vendaval e se esfacela.

TRANSLÚCIDO

Rosas raras no ar se alçavam puras.
Eu sonho que vivi sempre exaltado.

Amo os danos do mundo, quero a chama
Do mundo, vós, paixões do mundo. E penso:
Estrangeiro não sou, pertenço à terra.

Um céu abriu as mãos sobre o meu rosto.
Barcos de prata cantam vagamente.

Pensando, desço então pelas veredas
Do mar, do mar, do mar!
Sinto-me errante.

Que faz no meu cortejo esta alegria?
O tempo é meu jardim, o tempo abriu
Cantando suas flores insepultas.
Canta, emoção antiga, meus amores,
Canta o sentido estranho do verão,
Conta de novo para mim quem fui,
Vago aprendiz de mágico, abstrata
Sentinela do espaço constelado.
Conta que sempre sou, quem fui, menino.

A pantera do mar da cor de malva
Uivava sobre a vaga chamejante.

Eu sonho que vivi sempre exaltado.
Meu pensamento forte é quase um sonho.

Nos meus ombros, o pássaro final,
Íntimo, atroz, lirismo a que me oponho.
Quando a manhã subir até meus lábios
Suscitarei segredos novos. Ah!
Esta paixão de destruir-me à toa.

HINO À VIDA

Continuar a primeira palavra escrita,
Continuar a frase, não resigná-la
A temor, imperfeição, náusea,
Continuar com imenso trabalho
(Irreconhecível bosque do abstrato),
Doam os músculos e os cães ofeguem,
Continuar através do fogo e da água,
Em nome do fogo e da água,
Continuar desejando, farejando,
Por despeito e ambição continuar,
Não abrir muito os olhos,
Não cerrá-los demasiado,
Continuar por esta rua sem fé,
Como o cego devassado de um sol morto,
Como um anarquista de sensações,
Místico do prosseguimento,
Advogando a persistência, a engrenagem,
Continuá-las, ideia, sensibilidade, diferenças,
Porque não se pode parar,
Continuar com a paixão e sem ela,
Como um pugilista fatigado,
Com a disciplina da expedição guerreira,
A ferocidade histórica do saque,
Continuar, não desistir, não esmorecer,

Não refletir intensamente,
Acompanhando a órbita essencial da natureza,
Como os depósitos minerais,
A vida imperceptível do cristal,
A desagregação da vontade,
Como o crime caminhando, onde, quando,
O explorado por um sentimento,
Um camelo magro,
Continuar, ó máquina palpitante, ó vida,
A comiseração não refreie o nosso hálito,
Continuar como um jogador que perde
E se parar há de faltar-lhe alento e vida,
Continuar continuando,
Como um soldado em guerra,
Um mensageiro de tempo evangélico,
Um condenado à morte que-não-pode-morrer-antes-da-
[-morte,
Um navio a fazer água,
Um rato, um gigante,
Porque seria perigoso demorar,
Ceder à tentação de um voo incalculável,
Porque a ideia do não continuar existe em nós,
Símbolo fechado, êmbolo de resoluções imprevistas,
Continuar, reação em cadeia de minutos incoerentes,
Chama que se alastra de momentos opacos,
Como os antepassados continuaram,
As águas míticas, o espírito da treva,
Continuar,
A despeito de humilhações, do medo,
Dos vagares do amor,
Continuar com as unhas, os pulmões, o sexo,
Sem medir a iniciativa e o resultado,

Sem comparar nossos poderes e os alheios,
Continuar como alguém, construindo e desmanchando,
Continuar como todas as ações continuam,
E no tempo se prolongam estranhamente,
Continuar porque não se pode senão continuar,
Emparedado em dois tempos,
Toda a podridão do remorso,
Toda a vontade de não continuar,
E querer continuar,
Árido este mundo,
Porque a vida é sempre a vida, a mesma vida.
Porque não se pode,
Porque, se parássemos, ouviríamos um estrondo
E depois, perturbados, o silêncio do que somos.

POEMA DE PARIS

Sopravam ventos largos sobre a rua
Que vai de meu hotel até meu bar.
Mais longe, além do bar, surgiu a lua
Vulgar e triste sobre o bulevar.
Vous êtes triste? – perguntou-me nua
Uma sueca com que fui amar.
Triste de uma tristeza como a tua,
Como a lua no céu, triste e vulgar.
Sobre os Campos Elísios, cor de vinho
Chegava a madrugada... e seu carinho
Fez do luar, luar de Apollinaire –
Além do bar, da lua, da mulher.

O BÊBADO

Já vomita no mar a lua pálida.
Bondes trazem de longe a madrugada
E entre golfos de sombra resplandecem
Fantásticas piscinas de luz crua.
Os ruídos do dia vão nascendo
Da noite que abandona o céu. Tilinta
Real a campainha de um ciclista,
Dobra irreal o sino de um convento.
A própria luz a caminhar cicia
Nos trilhos azulados da manhã.
A espaços, o silêncio coagula
O soturno alarido da ressaca.
O bêbado caminha em direção
De um luzir qualquer no lusco-fusco,
Onde grita a luz fulva dos açougues.
Do mais alto beiral nasce uma pomba
Que voa rente ao asfalto orvalhado,
Ensurdecendo a claridade triste
Do bêbado. Do esforço alvar das vagas
Nascem as gaivotas tresnoitadas.
Cavalos mal dormidos vão surgindo
Nas esquinas, enquanto os operários
Passam numa cadência primitiva.
O bêbado quer morrer, se desfazer,

Andando sem vontade sobre a terra
Que oferece a seus pés o espaço hostil.
Seu ideal é simples, geométrico,
E o sorriso em que fala ao transeunte
É um sorriso de paz e de ironia.

Nós que andamos certos e orgulhosos na manhã
E nos apossamos do dia como nosso território natural,
Como entenderemos este ser obscuro
Cujos passos se extraviam e se afastam de nós
E se aproximam de novo e se perdem em atropelo.
Quando seu rosto se inclina para o chão
E outra vez se levanta com um sorriso de paz e de ironia,
Sentimos uma luz de mentira em seus olhos
E tontos de lucidez nos disfarçamos.

A PANTERA

Je ne sais quelle certitude d'être fatal.

Paul Valéry

Lady Macbeth, monstruosa e magnífica,
As patas de seda sobre as areias.

São outras aparências que procuro:
Pés que hesitam diante de um corredor,
Punho que estilhaça o espelho,
Palavra confusa que pouco a pouco se decifra.

Sofrimento e exaltação precedem a violência
Mas, quando a pantera respira sobre a gazela sangrenta,
Sinto eu a exatidão do gesto, a nitidez da vontade.
E me perco; porque imagino estranhas inocências.

Olha na rua em atropelo
A ferocidade melancólica do homem,
A alma pesada feito um móvel,
Suja de concessões que se alastram...
Um pouco de ar na praia, um copo de álcool,
O corpo na cama estrebucha um instante e tomba.
A mão apaga a luz, abre a sombra os olhos cegos,
Olhos da sinistra esperança.

Aqui ou ali, a pantera me espera,
A ti, talvez,
Antes que eu volte a ser real.

CÂNTICO A DEUS

O abismo da morte certa
Sempre terá mais delícia
Que a doce e fria malícia
De tua face encoberta.

Jamais fulgor tão constante
Perdeu meus passos no mundo
Mas quanto mais me aprofundo
Tu mais te ocultas distante.

Por que soberbo degredo
Toda vez que chego perto
De teu mistério deserto
Quero mais e tenho medo?

Que posso ter nesta vida,
Que paz, que porto, que pausa,
Se minha nítida causa
Perde-se em ti confundida?

Do caos sutil construíste
Uma fábula perfeita,
A certeza insatisfeita
De que existes; não existes.

O HOMEM DA CIDADE

Não falte tranquilidade ao homem do campo,
Não o devore o lobo esfomeado.
Possa plantar, colher,
Lavre o campo em sossego
Como o noviço esfrega as lajes do claustro.
Não o incomode o vento nas frinchas, o guincho do
[morcego,
O incesto não ameace a sua casa.
Ao dormir, durma sem sonhos
Como sem sonhos dorme o seu cavalo.
E espere a mão de Deus arrebatá-lo.

Ao homem do mar não falte emoção.
Duro dê-lhe o vento na cara, duro o sol,
Não o acovarde a lembrança, o presságio,
Não o envenene a mulher carinhosa.
Ame o conflito, a bebida, os ventos,
E possa compreender o santelmo,
A voracidade dos peixes violentos
E o naufrágio.

O VISIONÁRIO

All that I am I am not.
Stephen Spender

Debaixo dos lençóis, a carne unida,
Outro alarme mais forte nos separa.
Vai ficar grande e feia a mesma cara
Com que surgimos cegos para a vida.
Vemos o que não vemos. Quando, erguida
A parede invisível, o olhar para
De olhar, abre-se além uma seara
Muito real porém desconhecida.
São dois mundos. Um deles não tem jeito:
Cheio de gente, é só como o deserto,
Duro e real, parece imaginário.
Também dois corações temos no peito
Mas não sei se o que bate triste e certo
Vai reunir-se além ao visionário.

À MORTE

1

Tenho olhos para não estar cego quando chegar,
Tenho mãos para pressenti-la no ar, quando chegar,
Quando de tudo que vivi chegar, todos os sonos e
[insônias,
De minhas devassidões, anseios, aborrecimentos,
Quando a grande e pequenina morte que carrego comigo
[chegar.
Não sou ninguém e nem deveria dizer que não amo a
[minha morte.
Mas foge de mim um bando de palavras incontidas.
Posso contemplar um rosto e não chorar,
Posso ver um dia nascer e morrer, e sorrir.
Mas eu fui feito para morrer. Morrerei tudo.
A cidade não adivinha o eco de meus pés dentro de um
[muro,
Meu amigo não sabe o que pensei quando me disse:
"Você se lembra dela?" – "Qual?" – "Aquela..."
Nem mesmo sei o que penso, nem sei o que adivinho
Quando sigo sem mim, praticando os gestos da vida.
(Posso amar muito o que os outros são
Mas nunca posso dedicar-me a tudo que sou.)
Veio ter comigo muitas vezes. Desceu ao ombro

Do menino. Veio de mãos dadas com o perfume
Das acácias, quando um piano insinuava
Uma coisa qualquer, e eu já não farejava na cidade
As minhas costumeiras mágoas.
Veio com a beleza e com a melancolia, bateu às minhas
[costas
Nas praias, nos píncaros, nas barbearias, nas salas de
[aula
Ou quando olhava, frágil de carinho, um cesto de peixes
[do mar.
Tocou os tambores das paradas militares,
Foi o vento que vi esvoaçar o véu da noiva,
Agitou no ar as bandeiras cívicas, inaugurou a estátua,
Inventou-me a ternura, a bondade, a minha fome.
Eu sou tudo ela.
Se a esqueço, não me esquece. E dorme em mim.
E sonha em mim os piores sonhos deste mundo.
Nunca pude dizer tudo o que eu quero
Porque ela não quer.
Meu verso se fez trôpego e medido
Por causa dela.
Meu riso se fez tímido,
Meus passos foram passos tortos de bêbado,
Minha sabedoria foi uma sequência de trevas,
Meus amores ficaram inconclusos,
Minhas afeições não valeram,
Minhas alegrias foram alegrias loucas de louco.

2

Vai comigo a morte, vou comigo à morte.

(Quando olho o mar eu me canso,
Se leio poesia me aborreço,

Quando durmo não descanso,
Se me embriago me entristeço.)

Exatamente do tamanho do meu corpo.
Dei por mim, e meus dedos estavam cruzados.
Havia um zumbido de moscas quando me deitei
E os círios pálidos nos meus pés mais pálidos.

Quando cheguei à *boîte*, ela me disse "boa noite".
Quando saí: "Vou dormir contigo".
E eu lhe fizera caretas lúgubres quando a vi dentro do
[espelho.

Mísero e covarde,
Cheguei a amá-la,
Viva, inquieta, desatinada,
Cheguei a procurá-la
Nos cemitérios, nos teatros, nos campos de futebol,
E marquei a tinta vermelha nos livros o seu nome.

Nunca mais!

Morte, tens em mim tua vitória.

SEXTILHAS

Nunca me foi confuso o entendimento
De uma flor fecundada, a flor impura
Oferecendo ao pólen seu estigma.
De tudo há de surgir um sentimento.
Da pedra há de nascer uma flor dura,
Do mar há de saltar o peixe-enigma.
Vejo que o mundo escreve seu diário,
Não através de símbolos, segredos,
Mas imprimindo em tudo mil imagens
Soltas – palavras em um dicionário.
As coisas possuídas têm degredos,
As coisas castas têm muitas linguagens.

E eu viverei como viveu meu tio,
Como vivem palmeiras e andorinhas,
Deitado à lua como Endimião.
Que se entenda depois o meu vazio
E que se encontrem das ruínas minhas
Um torso, uma coluna, uma inscrição.

OS DIAS

Entre o granito,
Niterói, as ilhas, o Forte São João,
Ia eu vivendo as outras coisas.
Ritmo de remo,
Risco de um voo de ave,
Reflexo de peixe,
Ramo de rosa brava na barranca de um rio.
A fonte está seca
Mas a linguagem da tarde permanece,
Porque um dia tem sempre outro dia
A esperá-lo, e recompô-lo, e redimi-lo,
Fotografias velhas à luz de outros momentos.
Não posso dar um nome ao dia,
Chamá-lo Pedro, Paulo, Sexta-Feira,
Sem sentir a tristeza da mentira.
Porque os dias se abrem e se repartem.
Porque os dias passam e deixam as verdadeiras visões.
Porque os dias são às vezes as palavras
Do discurso da morte em nosso peito.

LÁPIS-TINTA

Se eu levar este poema de encontro a meu peito
E apertá-lo contra o coração,
Ele ficará impresso em minha carne
Com as suas imagens invertidas,
Mais indecifrável do que nunca.

– Mas não deixará de ser um poema.

DEFINIÇÃO

O tempo não é a fonte
Jorrando dois jatos d'água
De uma carranca bifronte

Não é pesado nem leve
Não é alto nem rasteiro
Não é longo nem é breve

Nem tampouco o passadiço
Suspenso entre dois vazios
Como frágil compromisso

O tempo é meu alimento
Meu vestido, meu espaço
Meu olhar, meu pensamento.

QUADRO

Fique na flor o perfume
Fique no mar o infinito
Fique no amante o ciúme
No silêncio fique o grito
Fique nos lábios um beijo
Fique Londres na Inglaterra
Fique no beijo o desejo
Fique eu triste cá na terra
Fique o morto em outro mundo
Fique no bosque o gigante
Fique o Y de Raymundo

Fique o peixe em água pura
Fique o pássaro na rama
Ficas bem na minha cama
Como o quadro na moldura.

O POETA NO BAR

Que fazer de um instrumento,
Violoncelo, fonte, flauta,
A busca um sofrimento
Que se encontra além da pauta?
Quando perdemos a voz,
Fala de nós e por nós
O personagem sem medo
Cujas palavras de olvido
Compõem o outro sentido
Do segredo de um degredo.

Tudo que rói e escalavra,
Dente de marfim do mar,
Faca do vento a passar,
Lembra a busca da palavra.
Só conhecer a ciência,
Malarmaica paciência,
Capaz de achar a vogal
Que surde empós das toantes,
Escandidas consoantes
De uma pausa musical.
Estas horas perdoadas,
Perdidas de quem nos ama,
São aflições combinadas

Às pantomimas do drama.
Um filamento de riso
Liga o inferno ao paraíso.
Se a noite esconde as estrelas,
Pode um palhaço brilhante
Dar um salto tão distante
Que seja digno de vê-las.

Esse arlequim de pintura
Vai surgir aqui, apenas
Compare a sua figura
A minhas roupas terrenas.
Vão surgir do saltimbanco
Perfil, fronte, face e flanco.
Vou sofrer por artifício
O silêncio desta mesa
Que me exila na clareza
De meu puro sacrifício.

Recife em mar de presságio,
Um poema não tem porto,
Vaga que devolve o morto
Às areias do naufrágio.

OS DIAS DA SEMANA

Os dias da semana são crivados de enigmas,
De ansiedades vãs e de abandonos.
A segunda-feira vai trazer para a fruteira
Um cacho de bananas – com a emoção comum das
[coisas.
Terça-feira não tem espetáculo, talvez nem mesmo
Sopre de tarde a viração das grinaldas.
Quarta-feira, iremos ao Encantado, visitar um tio
Que foi marinheiro e quase morreu na guerra.
Quinta, quinta há de ter insetos na serra,
Há de ter um gigante no bosque, um gigante
Com um sorriso de menino.
E todas as adivinhações anteriores
(Um homem esperando um bonde
Um bonde maior que o mundo
O sentimento de onde
E o de quando mais profundo)
Vão preparar a cama nupcial da sexta-feira,
Que vai ser dia de amor. Ela se parece, digamos,
A uma dessas ruivas das margens do Reno,
De pernas fortes, riso aberto e seios pequenos.
Depois, sempre existe o sábado com o seu espaço
[dourado,

Suas opalas, o sábado certo e desmedido,
O sábado que descansa a nossa vida inteira.

Só o domingo não é um dia da semana,
Só o domingo é
Alto e anterior ao calendário,
Só o domingo pertence
Ao que é invisível no homem, indivisível no homem,
Só o domingo se põe como um cavalo vermelho
Sobre as nuvens do Rio de Janeiro.

ELA

Uma vez, em Porto Alegre,
Em um azul de verão,
Vi um armador alegre
Burilar o meu caixão.
Lixava a tábua, pregava,
Com amor e exatidão.
Com ternura forrou tudo
De veludo e de algodão,
Pregou rebites dourados
Nas quinas de meu caixão.
Seu bico adunco soprava
Um pobre tango-canção.
Se o assovio parava,
Parava o meu coração,
Castigado pelo frio
Dessa tarde de verão.
Fingia que não me via
Imantado de emoção,
Fingia que não ouvia
Bater o meu coração.
Gozando a minha *paúra*
Caprichava no caixão,
Quis a madeira bem dura
E leve a decoração.

Ah, seis lados tem a morte,
Tem seis alças de latão,
Onde seis amigos fortes
Um dia se agarrarão.
Uma vez em Porto Alegre,
Em um azul de verão,
Fiquei triste, fiquei bêbado...

Crucificado nas garras
Da terceira dimensão.

SERMÃO DO DIABO

Bem-aventurados os aleijados porque não distinguem as proporções dos sentimentos morais e desenham triângulos tortos na areia.

Bem-aventurados os cegos de nascença porque rangem quando rangem nas curvas os astros do cosmos sem música.

Bem-aventuradas as mulheres feias porque trocam sinais com a Via-Látea e são tangíveis a todas as semáforas.

Bem-aventurados os que morrem nas catástrofes ferroviárias porque a vida foi de repente a sinistra aventura.

Bem-aventurados os desequilibrados líricos porque inventam tristes gnomonias.

Bem-aventurados os que perdem os filhos porque, incendiados, são hábeis em distinguir a estrela do naufrágio.

Bem-aventurados os mendigos porque pertencem às searas mitológicas.

Bem-aventurados os suicidas porque chegam de armas na mão ao outro lado.

Bem-aventurados os indigentes porque resumem as misérias da poesia.

Bem-aventurados os bêbados sem remédio porque se extinguem no crepúsculo como o carvão.

Bem-aventurado o que alimenta um mal secreto porque pode telefonar à hiena e convidá-la para jantar.

Bem-aventurado o indivíduo que tem o rosto deformado porque pode olhar a morte nos olhos e interrogá-la.

Bem-aventurados enfim todos os homens, todas as mulheres, todos os bichos, bem-aventurados o fogo e a água, bem-aventuradas as pedras e as relvas, bem-aventurados o Deus que cria o Universo e o demônio que o perdoa.

JOSETTE

Colunas de teu corpo. O real
Das coxas longas onde se implanta o ventre
Leve. O branco do seio
Dando o leite do sonho ao animal
Da noite acostumado a sofrer sede.
Teu perfil tem a linha imaginária
Das mais felizes frases literárias.
És quem tu és, és a rosa e o rosicler.
Quando caminhas vais frisando a rua
De uma eloquência clara de escultura.
És sol agora, ontem na praia foste a lua.
És tudo o que quiser o meu poema,
Mas não és o orvalho que roreja nem és pura.
Possuis a elegância de uma ave
De pés espapaçados (as mais belas)
E tens do mar o frescor suave e a voz tão grave.
Como a vaga empinada que se espraia
Abres equestres movimentos no vento. Teus cabelos
São as últimas lembranças lúcidas que me restam.
Calmarias de ilhas verdes, teus olhos,
Ah,
São teus olhos.

PESQUISA

Tempo é espaço interior. Espaço é tempo exterior.

Novalis

A gaivota determinada mergulha na água
Verde. Há um tempo para o peixe
E um tempo para o pássaro
E dentro e fora do homem
Um tempo eterno de solidão.
Muitas vezes, fixando o meu olhar no morto,
Vi espaços claros, bosques, igapós,
O sumidouro de um tempo subterrâneo
(Patético, mesmo às almas menos presentes)
Vi, como se vê de um avião,
Cidades conjugadas pelo sopro do homem,
A estrada amarela, o rio barrento e torturado,
Tudo tempos de homem, vibrações de tempo, vertigens.

Senti o hálito do tempo doando melancolia
Aos que envelhecem no escuro das *boîtes,*
Vi máscaras tendidas para o copo e para o tempo,
Com uma tensão de nervos feridos
E corações espedaçados.
Se acordamos, e ainda não é madrugada,
Sentimos o invisível fender o silêncio,
Um tempo que se ergue ríspido na escuridão.

Cascos leves de cavalos cruzam a aurora.
O tempo goteja
Como o sangue.
Os cães discursam nos quintais, e o vento,
Grande cão infeliz,
Investe contra a sombra.

O tempo é audível; também se pode ouvir a eternidade.

REPETIÇÃO DO MUNDO

De repente, a caminho da cidade,
Ocorreu-me a náusea do mundo.
Quis obter uma informação de mim mesmo, de alguém,
Mas me ocorrera a náusea do mundo, como nascimento
[e morte.
Pobre, oprimiu-me o coração a pedra da distância.
Fiquei cego e mutilado em uma esquina do mundo,
Cachorro cego, gato mutilado, forma quebrada.
O sol esplendia com uma tristeza furiosa sobre o granito.
Eu ia caminhando dentro de minhas roupas
E deixava de nascer dentro de mim a flor aristotélica.
Acendi um cigarro sem interesse em uma esquina do
[mundo
E a bola de fogo a que chamamos vida, de repente,
Deixou de luzir e quedou-se indiferente.
Talvez no alto das colinas do Rio de Janeiro
Os vegetais comungassem com o mundo,
Talvez o jogo do pássaro com o ar, da brisa com o
[deserto,
Talvez esses jogos do mundo continuassem,
Talvez ali mesmo uma alma se abrisse a esses jogos do
[mundo.
Mas para mim todos os símbolos a que chamamos vida
Não jogavam, não se articulavam em mim naquela
[esquina do mundo.

Eu era a Coisa a que de repente ocorrera o Opaco,
O enjoo do mundo, a repetição do mundo,
Era um homem contaminado de mim mesmo,
Um homem apenas fabricado para a repetição do
[sofrimento.
Se houvesse um cão ali naquela esquina,
De ver um animal assim tão espoliado,
Haveria de ladrar a meus pés e morder-me a carne.
Era um homem usado, o contrário de um homem,
A sombra da sombra de um homem.
Nem me chegava a queimar a mágoa de existir:
Meu ombro registrou apenas um pássaro de terra.
A cidade surdia absurda.
E porque um homem de repente não é um homem
E contempla as mãos inúteis
E tem vontade de vomitar sobre as próprias vestes,
Ele se perdeu um pouco de seu caminho
(Esse resto de homem que eu era)
E aquilo seguiu, manequim obsceno
(O sol surdia absurdo)
Homem esbofeteando o homem
Enquanto não desabrochava a flor aristotélica.

INFÂNCIA

Há muito, arquiteturas corrompidas,
Frustrados amarelos e o carmim
De altas flores à noite se inclinaram
Sobre o peixe cego de um jardim.
Velavam o luar da madrugada
Os panos do varal dependurados;
Usávamos mordaças de metal
Mas os lábios se abriam se beijados.
Coados em noturna claridade,
Na copa, os utensílios de cozinha
Falavam duas vidas diferentes,
Separando da vossa a vida minha.
Meu pai tinha um cavalo e um chicote;
No quintal dava pedra e tangerina;
A noite devolvia o caçador
Com a perna de pau, a carabina.
Doou-me a pedra um dia o seu suplício.
A carapaça dos besouros era dura
Como a vida – contradição poética –
Quando os assassinava por ternura.
Um homem é, primeiro, o pranto, o sal,
O mal, o fel, o sol, o mar – o homem.
Só depois surge a sua infância-texto,
Explicação das aves que o comem.

Só depois antes aparece ao homem.
A morte é antes, feroz lembrança
Do que aconteceu, e nada mais
Aconteceu; o resto é esperança.
O que comigo se passou e passa
É pena que ninguém nunca o explique:
Caminhos de mim para mim, silvados,
Sarçais em que se perde o verde Henrique.
Há comigo, sem dúvida, a aurora,
Alba sanguínea, menstruada aurora,
Marchetada de musgo umedecido,
Fauna e flora, flor e hora, passiflora,

Espaço afeito a meu cansaço, fonte,
Fonte, consoladora dos aflitos,
Rainha do céu, torre de marfim,
Vinho dos bêbados, altar do mito.
Certeza alguma tive muitos anos,
Nem mesmo a de ser sonho de uma cova,
Senão de que das trevas correria
O sangue fresco de uma aurora nova.
Reparte-nos o sol em fantasias
Mas à noite é a alma arrebatada.
A madrugada une corpo e alma
Como o amante unido à sua amada.
O melhor texto li naquele tempo,
Nas paredes, nas pedras, nas pastagens,
No azul do azul lavado pela chuva,
No grito das grutas, na luz do aquário,
No claro-azul desenho das ramagens,
Nas hortaliças do quintal molhado
(Onde também floria a rosa brava)
No topázio do gato, no be-bop

Do pato, na romã banal, na trava
Do caju, no batuque do gambá,
No sol-com-chuva, já quando a manhã
Ia lavar a boca no riacho.
Tudo é ritmo na infância, tudo é riso,
Quando pode ser onde, onde é quando.

A besta era serena e atendia
Pelo suave nome de Suzana.
Em nossa mão à tarde ela comia
O sal e a palha da ternura humana.
O cavalo Joaquim era vermelho
Com duas rosas brancas no abdômen;
À noite o vi comer um girassol;
Era um cavalo estranho feito um homem.
Tínhamos pombas que traziam tardes
Meigas quando voltavam aos pombais;
Voaram para a morte as pombas frágeis
E as tardes não voltaram nunca mais.
Sorria à toa quando o horizonte
Estrangulava o grito do socó
Que procurava a fêmea na campina.
Que vida a minha vida! E ria só.

Que âncora poderosa carregamos
Em nossa noite cega atribulada!
Que força de destino tem a carne
Feita de estrelas turvas e de nada!
Sou restos de um menino que passou.
Sou rastos erradios num caminho
Que não segue, nem volta, que circunda
A escuridão como os braços de um moinho.

REI DA ILHA

No fim da rua, um pônei rubro, rubro.
No fim da tarde, um muro escuro, um muro.
Descubro alguma coisa mais? Descubro:
Um coração impuro, tão impuro.

Querer guardar este sinal (querer)
De que minh'alma não morreu? Morreu.
Ser ou não ser como essa tarde (ser)
Que apareceu e desapareceu?

Ser como a tarde que voltou, voltou
Além de meus enganos, muito além...
Eu vou por um país, por onde eu vou,

Onde existe uma ilha, a minha ilha.
Ali não há ninguém. Ninguém? Alguém
Regressará por mim, ó minha filha.

"IF"

Meu filho, se acaso chegares, como eu cheguei a uma campina de horizontes arqueados, não te intimidem o uivo do lobo, o bramido do tigre; enfrenta-os nas esquinas da selva, olhos nos olhos, dedo firme no gatilho.

Meu filho, se acaso chegares a um mundo injusto e triste como este em que vivo, faze um filho; para que ele alcance um tempo mais longe e mais puro, e ajude a redimi-lo.

A PROSTITUTA

Quando a noite pare em sangue a madrugada
As constelações se desorganizam
As nuvens se encapelam
Quando os guindastes do porto se espreguiçam
Os muros do fortim alvejam
O caçador submarino já pode olhar nos olhos
O mero adormecido
Quando a fome come a criança da colina suja
Os bichos humanos chegam à lavoura farejando a névoa
Os passageiros do ar visitam a lua nova
O seringueiro não sorri
O porco não sorri
Não sorri não sabe rir nunca soube rir
Como não sabe rir a formiga
O pedregulho
O mendigo
O bode rupestre de falésia aguilhoada
Quando a noite se encerra e há uma pausa
O membro do marido emurchece no lençol
Quando o Nilo estende as suas barbas velhas ao sol
Quando o Rio Amarelo silenciosamente dá as cartas
O Don abre seus braços aos trigais
O Amazonas apodrece
Quando o riacho acorda o homem descalço

Quando o rio todos os rios vão recuperando a memória
E contam sussurrando
A história do mastim do lorde
O chicote do dono
A botina do polícia
O gancho do corsário
O milionário tumefato com uma luz no ventre
A metamorfose do chacal
Quando os rios se recordam
E vão contando
Sussurrando
Conspirando
Enlaçando as cidades frias e cálidas
Enlaçando os campos
Como no tempo de faraós possessos que uivavam
Dos profetas de longas barbas sujas
Como no tempo dos cantochões do convento
Do archote ao pé do cadafalso
Milhões de homens milhões de batalhas milhões de
[febres
Milhões
Milhões de ratazanas históricas
De escravos
De crucificados
É quando
O rio se lembra com dificuldade
(Ela que foi pura)
E vai cuspindo restos de lágrimas e lama
E se envergonha e quer morrer
É quando a prostituta se entreabre sobre a cama
E se fecha
E fica surda ao apelo do rio

E se entreabre devagar
E se fecha
Túmida flor que provocasse a náusea
Sentreabrindo
Se fechando
Opaca surda grossa
Na menstruação dolorosa de um grito que se fecha
No retraimento obsceno de um membro que emurchece
Então é quando a prostituta deveria sentar-se à margem
[do Hudson
E chorar
Chorar as lágrimas todas de seus olhos
De seus ouvidos
De suas narinas
De sua vagina
De suas mãos, de seus pés
Chorar as vezes que não chorou
Chorar o sangue o mênstruo o leite
Chorar como os rios choram sem tempo e surdos
Como o conde Ugolino
As santas estigmatizadas
Chorar como choram os mendigos
Um pranto sujo
Um mênstruo rude
Um leite envenenado.

4 DE MAIO

(No dia 4 de maio de 1955, em Paris, estando repousando à tarde no quarto de um hotel da rua Montalambert, e ouvindo tocar os sinos da Igreja de São Tomás de Aquino, levantei-me da cama e escrevi este poema. Dias depois, verifiquei que o poeta Apollinaire se casou a 4 de maio de 1918.)

Na Igreja São Tomás de Aquino
Meu bom Apollinaire se casou,
De manhã, de tarde, não sei,
Seu coração se alvoroçou.
Doeu no ar o som do sino
Quando Apollinaire se casou.
Não se vê se o tempo passou.
Sei que me dói o som do sino
De quando Guillaume se casou.
O sino bate, o sino fere, o mesmo sino
De quando a Grande Guerra terminou.
Próximo a São Tomás de Aquino
Um quarto de hotel me fechou
Quando em mim caiu o sino
Que para as bodas soou.
Na Igreja de São Tomás de Aquino
Meu coração não repousou.

BALADA COM PORCOS NEGROS

(Trinta dias antes de ser assassinado, García Lorca
narrou a Pablo Neruda o episódio aqui versificado.)

Un agneau se désalterait
Dans la courant d'une onde pure.
La Fontaine

Há poetas que escrevem
Seguindo pelo caminho.
Ah, bons caminhos os levem!
Têm a medida do espaço
Do homem, têm o compasso
Do passo do passarinho.

Hoy siento en el corazón
Un vago temblor de estrellas!

Por um caminho seguia
Federico, em Catalunha
Ou talvez Andaluzia.
Apagavam-se os círios,
Os delíquios, os delírios
Do céu. Ele achava os lírios,
Rindo à luz que os esparzia.

Pero mi senda se pierde
En el alma de la niebla

Sabemos pouco demais
De um punhal que leva a gente
Ao aço de outros punhais,
Pouco do rio, do mar,
Das galerias do ar,
Da emboscada de um jaguar,
Dos segredos da serpente.

Qué antorcha iluminará
Los caminos en la Tierra?

Parou ao céu da campanha,
A alma crucificada,
Em pé, no mapa de Espanha.
La Coruña a noroeste,
San Sebastian a nordeste
E Sevilha a sudoeste.
Seu coração em Granada.

Si el azul es un ensueño
Qué será de la inocencia?

Foi de Granada que veio
Uma brisa azul, azul,
Dividindo-o pelo meio.
Teu caminho é o Norte,
Disse a brisa, pois a morte
No Sul traçou-te a sorte.
Rindo-se, ele disse: O Sul...

Corazones de los niños!
Almas rudas de las piedras!

Sentiu-se só. Um cordeiro,
Que pastava ali doçuras,

Veio ser o companheiro
De Federico, o suave,
A mais doce, a menos grave,
A mais gentil, a mais ave
De todas as criaturas.

Será la paz con nosotros
Como Cristo nos enseña?

A paz ali se assentava.
A morte não era nada.
Um cordeiro sustentava
O galho preso ao carvalho,
A folha presa a seu galho,
Na folha, a gota de orvalho.
E a morte presa em Granada.

Qué será del corazón
Si el Amor no tiene flechas?

Pouco se sabe na terra
Da potestade do inferno
Que, secreta, lhe faz guerra.
Na barranca amanhecida,
Uma ovelha desvalida
Resumia o tempo, a vida
E o frescor novo do eterno.

La nieve cae de las rosas
Pero la del alma queda

Federico da planície
Viu surgir dois porcos pardos,
Negros de sua imundície.
Ai a carne destroçada!

Ai pureza devorada!
Ai cordeiro de Granada!
Ai as garras dos leopardos!

Todas las rosas son blancas
Tan blancas como mi pena

Dentes duros de suínos
Rasgando a lã da inocência!
Ai focinhos assassinos,
Ai misérias de quem ama!
Ai sangue sujo de lama!
Ai terrível epigrama
Da sinistra confidência!

Y si la muerte es la muerte
Qué será de los poetas?

Repito a verdade estranha,
A visão crua, desnuda,
Deu-se nas terras de Espanha:
Um cordeiro branco, branco,
Devorado num barranco
Por negros porcos de Franco.

Quem me contou foi Neruda.

POEMA DIDÁTICO

Não vou sofrer mais sobre as armações metálicas do
[mundo
Como o fiz outrora, quando ainda me perturbava a rosa.
Minhas rugas são prantos da véspera, caminhos
[esquecidos,
Minha imaginação apodreceu sobre os lodos do Orco.
No alto, à vista de todos, onde sem equilíbrio
[precipitei-me,
Clown de meus próprios fantasmas, sonhei-me,
Morto de meu próprio pensamento, destruí-me,
Pausa repentina, vocação de mentira, dispersei-me.
Quem sofreria agora sobre as armações metálicas do
[mundo,
Como o fiz outrora, espreitando a grande cruz sombria
Que se deita sobre a cidade, olhando a ferrovia, a fábrica,
E do outro lado da tarde o mundo enigmático dos
[quintais.
Quem, como eu outrora, andaria cheio de uma vontade
[infeliz,
Vazio de naturalidade, entre as ruas poentas do subúrbio
E montes cujas vertentes descem infalíveis ao porto de
[mar?

Meu instante agora é uma supressão de saudades.
[Instante
Parado e opaco. Difícil se me vai tornando transpor este
[rio
Que me confundiu outrora. Já deixei de amar os
[desencontros.
Cansei-me de ser visão: agora sei que sou real em um
[mundo real.
Então, desprezando o outrora, impedi que a rosa me
[perturbasse,
E não olhei a ferrovia – mas o homem que sangrou na
[ferrovia –
E não olhei a fábrica – mas o homem que se consumiu na
[fábrica –
E não olhei mais a estrela – mas o rosto que refletiu o seu
[fulgor.
Quem agora estará absorto? Quem agora estará morto?
O mundo, companheiro, decerto não é um desenho
De metafísicas magníficas (como imaginei outrora)
Mas um desencontro de frustrações em combate.
Nele, como causa primeira, existe o corpo do homem
– cabeça, tronco, membros, aspirações a bem-estar –
E só depois consolações, jogos e amarguras do espírito.
Não é um vago hálito de inefável ansiedade poética
Ou vaga adivinhação de poderes ocultos, rosa
Que se sustentasse sem haste, imaginada, como o fiz
[outrora.
O mundo nasceu das necessidades. O caos, ou o Senhor,
Não filtraria no escuro um homem inconsequente,
Que apenas palpitasse ao sopro da imaginação. O
[homem
É um gesto que se faz ou não se faz. Seu absurdo –

Se podemos admiti-lo – não se redime em injustiça.
Doou-nos a terra um fruto. Força é reparti-lo
Entre os filhos da terra. Força – aos que o herdaram –
É fazer esse gesto, disputar esse fruto. Outrora,
Quando ainda me perturbava a flor e não o fruto,
Quando ainda sofria sobre as armações metálicas do
[mundo,
Acuado como um cão metafísico, eu gania para a
[eternidade,
Sem compreender que, pelo simples teorema do
[egoísmo,
A vida enganou a vida, o homem enganou o homem.
Por isso, agora, organizei meu sofrimento ao sofrimento
De todos: se multipliquei a minha dor,
Também multipliquei a minha esperança.

MOSCOU-VARSÓVIA

Se este avião caísse, crispado entre os ouros, as copas e as espadas eu ficaria; sarrafos nas pálpebras, para que se mantivessem abertas durante o incêndio, colocaria;

Se este avião caísse, as madrugadas de meu filho de um terror violeta se elucidariam; na tarde calcinada, a sombra de minha mulher se inflamaria; minha filha não me encontraria deitado sobre o feno, escondido atrás da porta, acima dos cata-ventos com os braços carregados de bonecas; mais do que a minha garra em um livro e um lírio não encontraria; um gesto no espelho, uma espátula de osso, um pensamento;

Se este avião caísse, em uma esquina de Ipanema, eu nunca mais esperaria;

Se este avião caísse, só uma pessoa não diria "que pena" (a que caía e se esquecia e se consumia, e só se libertaria quando de todo caísse e se esquecesse e se consumisse);

Se este avião caísse, de mim o firmamento em torvelinho se afastaria; os mortos da Lituânia e da Masuria a mim viriam, e no silêncio rodeado de verdura me receberiam; soldado quase desconhecido, mãos desligadas do corpo – exangues e sem armas – ah, a terra de ninguém eu atravessaria;

Se este avião caísse, de arquitetar a condição da criatura um arquiteto a mais desistiria; certo de que outros chegarão a construir a humana arquitetura (o que se faz há muitos anos e se fará em um dia); pousado sobre o meu peito, o pássaro cruento do meio-dia; o criptógrafo egípcio afinal se explicaria; em fragmentos candentes, a minha carne emigraria; espantalho em farrapos, só o vento de leve me espantaria;

Se este avião caísse, sob as arcadas do pátio a poça de sal se extinguiria; a minha túnica amarela entre os anjos se sorteara; sob as telhas dos dragões dourados, os seus flocos, indiferente, a paineira sacudiria; na colina resplendente, quem soubesse ler, leria: "aqui pousou uma criança que quase nada compreendia"; até que outra morte nos separe, o meu nome no tronco se resignaria;

Se este avião caísse, este papel em cinzas arderia; a estrela rubra do poema nenhum jornal publicaria; fosse cair daqui a pouco, ainda assim o escreveria; a vida e a morte são as amantes, são a esposa, da poesia;

Se este avião caísse, os meus vizinhos compreenderiam; lembrando-se dos meus cabelos no elevador, uma intuição qualquer no ar lhes diria que só não fui um amigo por falta de tempo ou covardia; mas pode alguém perfeitamente amar o seu vizinho se apenas, grave, pela manhã lhe diz "bom dia"; e então, sentimentais e sem razão, de mim, coitados, se apiedariam; e de se sentirem tão sensíveis, em fino prazer espiritual tudo (de mim) enfim se acabaria;

Se este avião caísse, a música de meu apartamento ensurdeceria; os volumes nas estantes, de já não ter quem os lesse como eu os lia, pardos e fechados ficariam; outros mais sábios vir e servir-se poderiam; mas o meu jeito de ler e pensar desapareceria; no entanto, se este avião caísse, daquilo que é apenas meu a orgulhar-me não chegaria;

Se este avião caísse, já ninguém mais meditaria na ave que
passou gemendo contra o vento na bruma fria; o segredo
que não cheguei a tocar a ninguém mais preocuparia; só
se a meu filho legasse a vocação da tristeza e o heroísmo
da alegria;
Se este avião caísse decerto me compadeceria dos que caíssem comigo sem a coragem da poesia; embora talvez
fosse eu quem mais saudades levaria; poentes roxos de
Minas, praias aéreas da Bahia; chapéu de palha de Leda,
olhos castanhos de Lília; pubescência de Teresa, experiência de Maria; prosadores da Irlanda, poetas de
Andaluzia; Iangtsê em Nanquim, das Velhas em Santa
Luzia; Etna fumegando em Taormina, em Sienna a
Piazza della Signoria; manhãs de iodo na praia, noites
etílicas de boemia; bailarinas de Leningrado, gaivotas da
Normandia; sorriso da menina, do menino a euforia;
Wagner compondo o *Parsifal*, Nietzsche uivando em Sils
Maria; a mulher que foi comigo; a que não foi mas iria;
tantas que, mais houvera, para que de vez caísse, pediria;
Se este avião caísse, com ele cairia um homem que pelo
menos entenderia a fábula da folha que se desprendeu e
desaparecia; e assim seu coração, na terra, no mar e no
céu, como de triste e maduro caísse, não se surpreenderia, nem reclamaria; pois esse aflito coração, de ter
amado e sofrido, na amplitude da morte se conformaria;
Se este avião caísse, em um domingo azul um peixe até a
pedra nadaria; não encontrando o meu anzol, ao alto-mar regressaria; desse desencontro tecido de tão lindos
equívocos, a sua carne se salvaria; e o domingo azul do
mar ainda mais azul reluziria.

26 de maio de 1956

TESTAMENTO DO BRASIL

UM MENINO

Ziguezagueava de chuteiras no campo de topázio, a
[seriema do crepúsculo em grito
indireto, macegas revelando serpentes frágeis,
[caminhava
com as mangas do uniforme encolhidas, o coração
priápico, a alma
pelo avesso, imaginando encontrar um braço estendido,
[um ninho,
olhos femininos
de pássaro,
onde ele (só ele)
indefinidamente se esfregasse à vida.
Desceu o caminho do açude quando o martim-pescador
[regressava a seu mundo.
Água lisa e escura, o esperma do capim-gordura
[recendia,
os araticuns articulando-se ao verde
com os amarelos tortos e lenhosos de Van
Gogh. As torres se removiam quando cruzou a ponte,
suspirando, a trabalhar-se,
todos os pressentimentos farejando para sete ou oito
[sentidos,
sua avó ainda viva, compartilhando da inocência
montanhesa, somente agora perturbada: pois

ele aparecia enfim à tarde, mãos nos bolsos,
uma fome escancarada de espaço-tempo e maldade.
[Aparecia enfim
à tarde, para a tarde, com a tarde,
o frescor do pequeno porco-espinho, e o mal-estar
dos gambás que cheiravam mal antes da morte.
Caminhava pela casta masturbação dos verdes amarelos
que se remexiam,
os músculos a produzir um calor
que se perdia,
cuspindo o leite das margaridas mastigadas,
vacas chanfradas em flor para receber o girassol de um
[touro
subnutrido.

Uma criança. Frágil e forte.

Mas em laranjais do paraíso imprevisível.

WE ARE SUCH STUFF

Antes minha mãe gerasse um sonho.
Ontem mar noturno fechava-me em seu útero,
Eu me estendi no *couch*, fruto à espera dentro da casca,
Vitrola morta,
As frívolas comunicações impedidas de entrar, salvo
O telefone, que procurava trazer-me um rude clamor por
[meu corpo.
Rio, Rio de Janeiro!
Tuas construções aéreas às vezes escondem quem se fez
[violência,
Teus tapetes não abafam o ruído de botinas cruas,
O elevador não me devolve às galerias transfixadas de
[luz. Às vezes.

Se vim do Sul, do polígono das secas, da úmida floresta,
Se vim dos campos gerais ou da fronteira,
Pouco importa – vim do Brasil, percorrendo estrada
[precária,
Abri uma janela para o mar, comprei um cão pequeno,
Fiz amigos na cidade, aprendi teu linguajar esquivo:
Aqui estou,
Paralelo ao pensamento do oceano, e como o oceano
Arguindo os poderes do mundo e do diabo.

Dentro do vidro verde-cloro
Três peixes escarlates se ordenam em Z para dormir.
Aqui nos encontramos todos, neste paralelogramo de
[cimento,
Simetricamente dispostos em nossas jaulas ou ampolas
[de luz fria,
Os invisíveis vizinhos do 107. Pisamos de leve ao voltar
[da rua,
Preferível encontrar o elevador deserto, querendo achar
[depressa
Os nossos deuses lares:
mezaninos da melancolia,
ladrilhos da lassitude,

Insolentes engenhos da solidão,
gravuras do nevoeiro impressionista,
Jardim dum inverno investido de rancor.

Só o diminuto cacto é áspero em nossa casa,
Só a flora em torno do sexo é espessa,
Só a vertigem sexual é um abismo –
Tudo o mais é doçura e mentira,
Tudo o mais é polido e vazio.

O moço paralítico de defronte estende roupas brancas na
[treva.
As crianças do 501 sonham dependuradas nos seus
[galhos.
O bancário do 302 aplicou-se à coalescência do soneto.
Madame Turgot deitou-se de *short* no divã do *living*,
E eu (que) desci a Serra do Rola-Moça com uma canastra
[amarela,
Eu que falava a Daphne e Maria sobre a nudez ostensiva
[dos vikings,

Eu, paralelo à vontade do vento que pretende jogar o
[mar no ar,
Eu arguo os poderes do mundo e do diabo, e digo:

Antes um sonho.

NO PRINCÍPIO DO AMOR

No princípio do amor, outro amor que nos precede
adivinha no espaço o nosso gesto.
No princípio do amor, o fim do amor.
Folhagens irisadas pela chuva,
varandas traspassadas de luz, poentes de ametista,
palmeiras estruturadas para um tempo além de nosso
[tempo,
pássaros
fatídicos na tarde assassinada, ofuscação deliciosa
no lago – no princípio do amor
já é amor. E pode ser setembro
com o sol estampado em bruma fulva. Monótona
é a praça com o clarim sanguíneo do meio-dia.

No princípio do amor, o humano se esconde,
bloqueado na terra das canções, astro acuado
em galáxias que se destroçam. E tudo
é nada: nasce a flor e morre o medo
que mascara a nossa face. Navios
pegam fogo defronte da cidade obtusa,
precedida de um tempo que não é o nosso tempo.
No princípio do amor, sem nome ainda, o amor
busca os lábios da magnólia, o coração violáceo
da hortênsia, a virgindade da relva.

É, foi, será princípio de amor. A mulher
abre a janela do parque enevoado, globos irreais,
umidade, doçura,
enquanto o homem – criatura ossuda, estranha –
ri no fundo de torrentes profundas
e deixa de rir subitamente, fitando nada.
Isto se passa em salas nuas,
em submersas paisagens viúvas, argélias
tórridas, fiords friíssimos, desfiladeiros
escalvados, parapeitos de promontórios
suicidas, vilarejos corroídos de ferrugem,
cidades laminadas, trens subterrâneos,
apartamentos de veludo e marfim, províncias
procuradas pela peste, cordilheiras tempestuosas,
planícies mordidas pela monotonia do chumbo,
[babilônias
em pó, brasílias
de vidro, aviões infelizes em um céu
de rosas arrancadas, submarinos ressentidos
em sua desolação redundante, nas altas torres
do mundo isto se passa; e isto existe
dentro de criaturas inermes, anestesiadas
em anfiteatros cirúrgicos, ancoradas em angras
dementes, pulsando através de alvéolos artificiais,
criaturas agonizando em neblina parda,
parindo mágoa, morte, amor.
E isto se passa como um cavalo em pânico.
E isto se passa até no coração opulento
de mulheres gordas,
de criaturas meio comidas pelo saibro,
no coração de criaturas confrangidas entre o rochedo
e o musgo, no coração de

Heloísa, Diana, Maria,
Pedra, mulher de Pedro,
Consuelo, Marlene, Beatriz.

Olhar – anel primeiro do planeta Saturno.
Olhar, aprender, desviver.
Além da janela só é visível a escuridão.
Olhar – galgo prematuro da alvorada.
No princípio do amor, olhar
a escuridão; depois, os galgos prematuros da alvorada.
No princípio do amor, morte de amor antes da morte.
Amor. A morte. Amar-te a morte.
Sexos que se contemplam perturbados. No princípio do
[amor
o infinito se encontra.

No princípio do amor a criatura se veste
de cores mais vivas, blusas
preciosas, íntimas peças escarlates,
linhos sutis, sedas nupciais, transparências plásticas,
véus do azul deserto, pistilos de opalina,
corolas de nylon, gineceus rendados,
estames de prata, pecíolos de ouro, flor,
é flor,
é flor que se contempla contemplada.
Isto se passa de janeiro a dezembro
como os navios iluminados.

No princípio do amor
o corpo da mulher é fruto sumarento,
como a polpa do figo, fruto,
fruto em sua nudez sumarenta, essencial, pois
tudo no mundo é uma nudez expectante

sob o manto,
e nada no mundo é uma nudez tão expectante
como o corpo da mulher no princípio do amor.

Fruto na sombra: mas é noite.
Noite por dentro e por fora do fruto.
Nas laranjas de ouro.
Nos seios crespos de Eliana.
Nas vinhas que se embriagam de esperar.
Ramagens despenteadas, recôncavos expectantes.
cinzeladas umbelas, estigmas altivos,
é noite,
é flor, é fruto.

Mas nos seios dourados de Eliana
amanheceu.

OS RELÓGIOS

Manhã de Nova Iorque com 30 milhões de relógios.
Óleo vesperal dos pontos hanseáticos.
Jardim pequinês.
Funcionário civil ouviu canto de pássaro pintado.
Que tempo foi em Pequim? Ópio de tempo,
indiferente. Noite.
Relógio.
Mandarim adormecido.
Funcionário civil ouviu pássaro pintado.
Hamburgo,
Hamburgo é um castelo
de água e de vento
com subsolos de mortuária madeira
cheirando a cereja açucarada.
Comovidos na serragem do silêncio
serve-se uma canja dourada
a dois amantes sem fome
divididos pelo mundo. Mundo
de torres subterrâneas,
descampados,
códigos, plataformas cinzentas,
aeroportos glaciais, olhos
celestiais além do cristal,
alto-falantes ordenando

que se beijem,
que se façam,
que se desfaçam,
e boa viagem! Que mundo
este mundo!
Príncipes invisíveis o comandam,
metais gelados nos adeuses,
cidades e vidas
amputadas no passo da hélice, que mundo
este mundo! Hamburgo,
senadores com seus mantos de granito.
A tarde sem sol com seus relógios solenes.
Um grito dentro do museu.

Dois caças a jato, escuros
piratas, sobem ao céu da Holanda,
onde outrora voavam as vacas.
Tempo do homem, só,
com uma inútil identidade. Tempo
de olhar as barcaças do Tâmisa antes
do repouso
no parque desfolhado. Este alento
petrificado nas abadias.
Firenze. Fiesole.
Andrea del Sarto cheirando a noite
no grito da coruja. Fiesole, Firenze,
espaço,
tempo,
muros e minutos
estruturados
numa ansiedade.

Troncos gotejam,
grito de água em lavabo cinzelado,
úmido é o mundo.
Como os úmidos telhados do Mar do Norte.
Luz acesa no Cáucaso, pão e vinho,
e o relógio; que o mundo
este mundo, que tempo
este tempo, que soturnidade
à beira dos rios:
sonâmbulos da ponte de Brooklin,
escumas escuras
do Elba, o Tejo sem reflexo, o Neva
de neve, o Neckar
com jovens eruditos bêbados, o Liffey,
os rins e os relógios,
os rios e os relógios,
os restos dos rios e os relógios,
os rastos dos rios e os relógios
os restos dos rastos e os relógios
os rastos dos restos e os relógios
o rasto da lesma
sobre a pedra circular
do relógio.

Jardim em Pequim,
telefone gigantesco e mudo em Hamburgo,
tercetos geométricos em Florença,
sempre o homem
com o seu relógio.
Tempo é dinheiro
dinheiro é homem
homem é segredo.
Depois do homem

alguém vende o seu relógio.
Depois do amor
fica no ar o relógio.
Depois das flores removidas
o relógio do morto.
O relógio do morto.
Só depois que acaba o tempo
o ouro do sol e os anéis de Saturno
começam a roer os restos do relógio.

Entre o gordo
e o magro
a moeda de ouro

Todos os abortos
físicos e
cívicos
feitos por dinheiro

Entre o milionário
proletário
e o proletário
milionário
o paradoxo
monetário

Tempo é dinheiro
relógios lineares
portais esgalgos do minuto gótico
colunata barroca para um beijo à tardinha
sagas de Harlem onde os mortos perseguem luas
[conversíveis
trópico de Câncer
nibelungos máabaratas trenodias

elzevires incunábulos portulanos

baldrocas oratórias, especulações fálicas, açougues suaves, banqueiros de fulva juba, monopólios da infância, endossos sexuais, numismáticos aduncos, filhos de cachorras e notários, apólices dúbias, prostituições em exercício, fogueiras contratuais, dobrões litúrgicos, porcentagem sobre lastros éticos, chinas traídas, fregueses de arábias, leiloeiros de áfricas, tratos de areia, ataúdes hipotecados, traficantes eletrônicos, títulos letais, marchantes carismáticos, corretores de repúblicas sulamericanas, agiotas atômicos, corsários aeronáuticos, provedores de angélicas, esposas sonantes,

OURO EM PÓ

OURO CRU

OURO CEGO

TEMPO É DINHEIRO

LONG JOHN

Abre o centeio sua espiga, sangue dourado nos meus
[fusos de cristal
Irriga a linfa os arquipélagos do corpo interrompido em
[seu fluir.
Ai âncoras de minha vida, quem vos soergueu dos mares
[de meu mal?

No girassol cinzento de meu fígado (meu vesperal amigo
[como um cão)
É a estação do outono; cedo vêm os granizos do inverno
[furioso
Com suas campânulas de oxigênio para aprender a rã do
[coração.

Double or nothing. Dados se espatifam. Uma voz clara e
[perigosa risque
Como faca a parábola da vida. Resistindo às piranhas de
[meu curso
Noturno, chegarei à madrugada, conquanto em meu
[abismo um sol faísque.
Ah, tanto sal filtraram os meus rins recurvos, pasmados,
[tanta pureza
Mineral enganou-me nos ofícios, que entre mim e fim
[devo interpor

Esta cintilação. Fique delindo no espaço o que não vejo
[da beleza:

– Consolação, álamo esguio, fonte, cantar de dor à voz
[do mar, amor.

CAMAFEU

A minha avó morreu sem ver o mar. Suas mãos,
[arquipélago de nuvens,
Matavam as galinhas com asseio; o mar também dá
[sangue quando o peixe
Vem arrastado ao mundo (o nosso mundo); no entanto
[no mar é muito diferente.
As gaivotas, mergulhando, indicam o caminho mais
[curto entre dois sonhos
Mas minha avó era feliz e doce como um nome pintado
[em uma barca.
Sua ternura eterna não temia a trombeta do arcanjo e o
[*Dies Irae*:
Sentada na cadeira de balanço, olhava com humor os
[vespertinos.
Sua figura pertenceu à terra, porém o mar, rainha
[impaciente,
O mar é uma figura de retórica. No porto de Cherburgo,
[há muitos anos,
Ouvi na cerração o mar aos gritos, mas minha avó jamais
[ergueu a voz:
Penélope cristã, enviuvada, fazia colchas de retalhos
[fulvos.
O mar é uma louça que se parte contra as penhas,
[enquanto minha avó

Fechava a geladeira com um jeito suave, anterior às
[geladeiras.
Igual ao mar, os dedos da manhã a despertavam num
[rubor macio;
Pelo seu corpo quase centenário a invisível vaga do sol
[se espraiava,
A carne se aquecia na torrente dos constelados glóbulos
[do sangue,
As pombas aclamavam outro dia da crônica do mundo
[(o nosso mundo)
E de uma criatura que se orvalha em suas bodas com a
[terra dos pássaros
Matutinos, das frutas amarelas, da rosa ensanguentanda
[de vermelho
O verde, o miosótis, o junquilho, e em tudo um rumor
[fresco de águas novas,
Um verdejar de abóboras, pepinos, um leite grosso e
[tenro, e minha avó
Com tímida alegria indo, vindo, a prever e ordenhar um
[dia a mais,
Assim como as abelhas determinam mais 24 horas de
[doçura.
E enfim no litoral destes brasis, o mar afogueado
[amando a terra
Com seu amor insaciável, dando um mundo ao mundo
[(o nosso mundo)
E a gravidade intransigente do mistério. Mas minha avó
[morreu sem ver o mar.

UNIDADE

Se o amor dos leões-marinhos não fosse feroz –
Se o farol da Ilha Rasa achasse o Cristo de Chagall e
[ficasse –
Se o tempo do coração não fosse intermitente –
Se o uivo das vagas do Arpoador fosse a resposta natural
Ao clamor da clarineta negra de Bechet.
Mas neste mundo partido
Tudo é partido.

Embora um animal compacto esteja pousado sobre os
[ombros
Deste mundo,
Neste mundo partido tudo é partido.

EITHER/OR

tuas entranhas
como são estranhas
pedem-me lágrimas/sêmen-alegrias
para fazer-te dentro filho/filha
semente dum exílio/duma fúria

a noite é/não é
só o sal escuro do sol

sei/não sei

mas onde eu/eu-tu
eu-flor/cavalo-tu

cego
ainda chegaria
cedo
a um ramo de teu tronco
pelo teu gosto cereal/teus cascos no ladrilho

tu
esguia
mas teus peitos duros
de potro
rapaz ou rapaza

e a saliva áspera do delta de um rio

a madrugada em ti cruel em mim
o rumor do mar aprisionado

mas não dormir
para que não me esqueças/nem me esqueça
somente a raposa resplandeça
vitrola emudecida
luar sobre o lençol
tu é tu/raposa perseguida

eu não sou eu/eu tu/teu pasto/meu exílio
animal habituado à lâmina

tu o C o D o R
consoante dura momentânea
o vértice/vórtice do Y

eu a vogal que se dissipa/fica
o uuuuuh
o oooooh
o iiiiih
o eeeeeh
o aaaaaah

o aaaaaah
que me aterra

dei-me em ti/menti
para que me doasses de teu ventre filho/filha

Ah onde entra a meia-luz
(púrpura partida)
os ásperos espelhos

teu uísque/meu-uísque
emeusteuslábios
dilacerados

mas
AH
os ásperos espelhos

e nós
enrolados
no alto
em nossos nós
mais próximos da tormenta que se adensa
na tadiga
em tu-em-mim
em mim-em-tu

Ah
me deixar
ainda escorrer
fluindo
pelos musgos de teus muros

fluir
escorrer
deixar

pelos musgos castanhos de teus muros

pelas áreas de flúor do silêncio

abrir-me ainda em teu vergel
a minha pedra: amargura de teu ser: meu ser

antes de doer-te em mim
antes de doer-me em ti
o outro exílio/fim-enfim

o outro fim-enfim de teu exílio em mim
a outro fim-enfim de meu exílio em ti
em teu-fim-em-mim

fim
enfim

sol
sal
só sol
só sal

eu tu sal sei
teu eu sal só

só

sexílio
sei

só

RETRATO DO ARTISTA AOS 7 ANOS

Jamais un acrobate
Ne tombe dans la cour.
Jean Cocteau

Para dizer-te sem mentira o que é o artista,
Abram-se algumas portas, fechem outras,
A fim de insinuar-se aqui a reciprocidade dos gestos.
Vai buscar depois a sequência dos retratos.
Demora o pensamento no instantâneo do trapézio,
Procura concordar opostos horizontes.
Um sino de manhã assume seu coração e o mundo:
É Natal, e o aroma de maçãs estrangeiras
Vem do escritório fechado. Que pode o artista menino,
Entre os pressurosos prenúncios duma data,
Senão precipitar o seu prazer, abrir as portas prematuras,
Espiar pelos caixilhos da vidraça e pasmar-se?
Um artista (precisarás sabê-lo) não tem tempo.
À noite, quando se recolhe ao dormitório,
Entre irmãos e primos já dormidos,
O ruído da água na caixa o concentra, porque a vida
Não se vê de um lance, apenas se adivinha dentro das
[paredes,
E se articula e se desfaz sob tantas indiretas alusões.
No princípio tudo é subterrâneo, e esse caráter secreto
Aponta ao artista as premissas invisíveis de seu ofício.

Um pássaro rufla no jardim, um trem de ferro parte ou
[chega,
Um cavalo do esquadrão se recolhe à estrebaria.
O menino abre seus olhos de artista e continua.
Não pressuponhas de sua inocência, nem temas de seu
[desamparo:
Tudo nele é uma força que se quebra e reagrupa;
Sua doçura é esbelta e varonil como um toureiro;
Seu fascinante horror é um sentido a mais, só isso.
Ei-lo diante da vitrina com a sua jaqueta de veludo,
A bengalinha de futuro explorador da madrugada,
Seu pequeno sentimento de criatura moderna tão antiga.
Detrás do cristal, um boneco do tamanho dum homem
(Ou um homem) de cara escarlate, pálpebras azuis,
Imóvel e impecavelmente sinistro em sua casaca;
Eis o menino, mito em formação, diante do novo mito
[urbano,
Demorando-se a adivinhá-lo entre o horror e o amor
De novas formas (ou sentidos) que a vida convocou.
Um boneco do tamanho de um homem ou um homem?
Um segredo a mais no mundo ou o mundo?
É crepúsculo e as portas de aço se cerram com rancor.
Súbito, os olhos do boneco ou do homem
Reviram-se em suas órbitas metálicas,
E aquela cara escarlate inclina-se, rápida, mecânica.
A um palmo da face do menino artista;
Seu grito de horror e amor o sufoca e paralisa,
Enquanto o boneco (ou homem) ri um riso de adulta
[solidão.
Só então, a caminho do jantar,
Fazendo passes com a bengala quimérica,
Aprende que sua vida vai ser um susto (e vale a pena).

Todo salto mortal pode causar a morte de um pequeno
[artista.
Mas um artista de verdade não cai jamais no picadeiro.
Precário é seu equilíbrio entre avô e avó,
Indecifráveis são as figuras de seu corpo na barra do
[parque.
Embora os tambores da matina anunciem o seu fracasso,
Um artista de verdade não cai jamais no picadeiro.
Eis que ele é dono dum cão à boca da noite
E começa a desprezá-lo logo depois do amanhecer;
Chama-se Lord, Jim ou Bob, e seu olhar é tão úmido e
[baço
Que o artista pequeno o percebe até as entranhas da
[morte,
E a experiência não vale, e perece, prematura.
Mas a quem amar se for preciso amar?
O que amar se amar for o amor?
É bom tocar a resina dos troncos e prová-la,
Prever no espaço a geometria da bola de borracha,
Passar os dedos levemente sobre o musgo,
Desviar a caravana comercial das formigas.
Ele ainda não sabe, e por isso se afasta,
Que as resinas correspondem a mil formas de sentir,
A bola quer narrar um desenho contido,
As formigas pastam em searas de rubro sentido.
Impaciente, o menino artista declina de qualquer
[entendimento
E vai buscar a evasão das águas,
Total no breve instante do mergulho,
Invisível e só e nu e soberbo em sua redoma.
Úmido, sobre a pedra morna do remanso,
O sol não o distingue dos pequenos répteis friorentos;

Ou sobre o trampolim, voltado à simples profundidade
[do céu,
Um gosto de cloro nos lábios, um galo vesperal em seus
[ouvidos,
Pressente em círculos efêmeros encadear-se o momento
Indivisível, como um livro de gravuras ao contrário.
Como está longe e tão perto o momento à beira do lago,
Quando poderá passear sob as ramagens, pensando
Que sua vida não é ponto imóvel no tempo
Mas luz que se desloca em cintilações diferentes,
Recompondo o ontem no amanhã, e o amanhã num
[agora intenso,
Associando sem dissenção, os aviões, os alcantilados,
E o mendigo que costura a sua roupa no vão de um
[esgoto.
De arco e tocadeira ou rolando um pneu sobre o passeio,
Ele retorna à casa, no momento da luz aglutinada,
Quando, empurrando de volta a carrocinha de sorvete,
Um homem de pescoço de girafa olha vidrado acima do
[horizonte.
As cidades acabam no aclive da montanha ou na linha
[do oceano,
Mas, ao escurecer, um bote ganha o mar alto contra o
[vento,
E na montanha, a meio caminho das casas e da toca do
[morcego,
Um homem chamado Arquimedes ou Estêvão ou
[Morandi
Rodeou o seu mundo de cedros altos e mastins.
O menino artista ama somente o que sabe.
Divergentes são seus caminhos de ida e de volta

Sobre o muro que se ramifica, reunindo e apartando as
[famílias:
Esse limite entre as criaturas é a sua propriedade,
De onde pode ver cada quintal, de cor e alma diferentes,
Para contar no momento oportuno o que se passa no
[mundo.
Perdoa-lhe a natureza de espião, indispensável
À causa da poesia. E o perdoa ainda
Se escuta às portas, destampa os frascos de perfume,
Prova a terra, fuma restos de cigarro, espetala as flores,
Se vasculha as gavetas e velhas canastras,
Se desafina o piano, queima as mãos no fogo,
Se sempre reinventa o seu inferno exuberante,
Se bebe sangue ou fere a própria carne,
Se tem a ideia de saber se é possível viver sem respirar.
Grimpando aos últimos galhos da mangueira,
Despencando-se dos andaimes duma casa em
[construção,
Escondendo-se na cripta fresca duma torre,
O menino cumpre a sua missão de artista,
Antes de dormir. Antes de atravessar o espelho
Deformante do sono, onde prossegue o seu trabalho.

LITOGRAVURA

Eu voltava cansado como um rio.
No Sumaré altíssimo pulsava
a torre de tevê, tristonha, flava.
Não: voltava humilhado como um tio
bêbado chega à casa de um sobrinho.
Pela ravina, lento, lentamente,
feria-se o luar, num desalinho
de prata sobre a Gávea de meus dias.
Os cães quedaram quietos bruscamente.
Foi no tempo dos bondes: vi um deles
raiar pelo Bar Vinte, borboleta
flamante, touro rútilo, cometa
que se atrasa no cosmo e desespera:
negra, na jaula em fuga, uma pantera.

Passei a mão nos olhos: suntuosa,
negra, na jaula em fuga, ia uma rosa.

O MORTO

Por que celeste transtorno
tarda-me o cosmo do sangue
o óleo grosso do morto?

Por que ver pelo meu olho?
Por que usar o meu corpo?
Se eu sou vivo e ele é morto?

Por que pacto inconsentido
(ou miserável acordo)
aninhou-se em mim o morto?

Que prazer mais decomposto
faz do meu peito intermédio
do peito ausente do morto?

Porque a tara do morto
é inserir sua pele
entre o meu e o outro corpo.

Se for do gosto do morto
o que como com desgosto
come o morto em minha boca.

Que secreto desacordo!
Ser apenas o entreposto
de um corpo vivo e outro morto!

COPACABANA 1945

Ele é que é cheio, eu sou oco.

I

As fichas finais do jogo
foram recolhidas; fecha-se
o cassino; abre-se em fogo

o coração que devora.
Vejo em vez de eternidade
no relógio minha hora.

E se quiser vejo a tua.
Às cinco tinhas encontro
num cotovelo de rua.

As cigarras do verão
tiniam quando sugavas
teu uísque com sifão.

Às onze no Wunder Bar
por meio acaso encontravas
a mulher que anda no ar.

Às três no Copacabana
uma torpeza uterina
pestana contra pestana.

Às quatro e pouco saías,
comias um boi às cinco,
às seis e meia morrias.

Às duas ressuscitavas,
às cinco tinhas encontro,
às sete continuavas.

II

A mensagem abortada
de Copacabana perde-se
na viração: não é nada.

Morre um homem na polícia.
Tantos casos. Não é nada:
os jornais dão a notícia.

Uma criança que come
restos na lata de lixo
não é nada: mata a fome.

Não é nada. A favela
pega fogo. Não é nada:
faz-se um samba para ela.

Um moço mata a família
e se mata. Não é nada:
poupa o drama à tua filha.

Uma menina estuprada.
Uma virgem cai do céu.
Nada. Copacabanada.

III

Dava um doce calafrio
no esmalte azul recortado
súbito à tarde um navio.

O mistério transparente
do navio que passava
é ter tornado presente:

por fantasia do fado
naquele tempo ao passar
já parecia passado.

Quando ele achava o caminho
na ponta do Arpoador
eu ficava mais sozinho.

Pois um homem-gaivota
segue um barco, mesmo quando
não lhe conhece a derrota.

Latitude, longitude,
compasso de meu exílio...
Um homem sempre se ilude.

E quando o mar sem navio
ficava, eu olhava para trás
e me embrulhava no Rio.

IV

Anoitecia em cristais,
em paz de pluma tornando
à dor de Minas Gerais.

A dor que dá mas devora
como um *blues* comercial
no carro, quando é a hora.

E quando à janela o cone
de sombra me abismava
eu ligava o telefone.

Esse aparelho surdia
da ramagem de meus brônquios,
negra liana, e subia

em tropismos machucados,
pelas calhas do silêncio,
pelos terraços pasmados,

pela traqueia das áreas,
como tromba de elefante
ou aranhas solitárias

articuladas ao fio,
como língua de serpente
a vasculhar o vazio,

a buscar qualquer canal
de amor (ou fosse miragem!)
no deserto vertical.

V

Às vezes chegava a lua
no despudor deslumbrante
da mulher que chega nua.

A mulher transverberada
entornando-se amorosa
nas vagas da madrugada.

Algumas foram no peito
do casto lençol do céu
para o cosmo do teu leito.

VI

Copacabana, golfão
sexual: soma dois corpos
mas divide solidão.

VII

Pelas piscinas suspensas,
pelas gargantas dos galos,
pelas navalhas intensas,

pelas tardes comovidas,
pelos tamborins noturnos,
pelas pensões abatidas,
eu vou por onde vou; vou
pelas esquinas da treva:
Copacabana acabou.

BALADA DO HOMEM DE FORA

Nas almas dos outros há
searas de poesia;
em mim poeiras de prosa,
humilhação, vilania.

O pensamento dos outros
ala-se em frases castiças;
o meu é boi atolado
em palavras movediças.

No gesto dos outros vai
a elegância do traço;
no gesto torto que faço
surge a ponta do palhaço.

O trato dos outros tem
desprendimento, altruísmo;
venho do ressentimento
para os brejos do egoísmo.

O amor de muitos floresce
em sentimento complexo;
mas o meu é desconexo
anacoluto: do sexo.

Na face dos outros vi
a sintaxe do cristal;
no amálgama dos espelhos
embrulhei o bem no mal.

A virtude contra o crime
é um cartaz luminoso
dos outros todos; mas eu
posso ser o criminoso.

Os outros brincam de roda
(carneirinho, carneirão);
são puros como a verdade;
mas eu minto como um cão.

Há quem leia Luluzinha,
há quem leia pergaminhos;
leio notícias reversas
nos jornais de meus vizinhos.

Os outros ficaram bravos
ao pôr de lado o brinquedo,
bravos, leais, sans reproche;
mas eu guardei o meu medo.

Encaminha a mente deles
uma repulsa moral;
na minha pulsa o High Life
do mais turvo Carnaval.

Todos foram tão bacanas
na quadra colegial;
só eu não fui (mea culpa)
nem bacana, nem legal.

O terno dos outros tem
um ar etéreo e eterno;
às vezes ando vestido
como um profeta do inferno.

Muitos voam pelas pautas
que se desfazem nos astros;
amei Vivaldi, Beethoven,
Bach, Debussy, mas de rastros.

Certos olhos são vitrais
onde dá a luz de Deus;
Deus me deu os meus e os teus
para a dor de dar-te adeus.

Há tanto moço perfeito
like a nice boy (inglês);
eu falo mais palavrões
que meu avô português.

Os outros são teoremas
lindos de geometria;
eu me apronto para a noite
nos pentes da ventania.

Para quem foi feito o mundo?
Para aquele que o goze.
Como gozá-lo quem gira
no perigeu da neurose?

Copiei com canivete
este grifo de Stendhal:
"Nunca tive consciência
nem sentimento moral".

Faço meu Murilo Mendes
quanto à força de vontade:
"Sou firme que nem areia
em noite de tempestade".

Há gente que não duvida
quando quer ir ao cinema;
duvido de minha dúvida
no meu bar em Ipanema.

Outros, felizes, não bebem,
não fumam; eu bebo, fumo,
faço, finjo, forço, fungo,
fuço na noite sem rumo.

Outros amam Paris, praias,
cata-ventos, livros, flores,
apartamentos – a vida;
eu nem amo meus amores.

Os outros podem jurar
que me conhecem demais;
quando acaso penso o mesmo,
o demônio diz: há mais...

A infância dos outros era
o céu no tanque da praça;
a minha não teve tanque,
nem céu, nem praça, nem graça.

Até na morte encontrei
a divergência da sorte:
a deles, flecha de luz,
a minha, faca sem corte.

O espaço deles é onde
circunda a casa o jardim;
mas o meu espaço é quando
um parafuso sem fim.

TESTAMENTO DO BRASIL

Que já se faça a partilha.
Só de quem nada possui
nada de nada terei.
Que seja aberto na praia,
não na sala do notário,
o testamento de todos.
Quero de Belo Horizonte
esse píncaro mais áspero,
onde fiquei sem consolo,
mas onde floriu por milagre
no recôncavo da brenha
a campânula azulada.
De São João del-Rei só quero
as palmeiras esculpidas
na matriz de São Francisco.
Da Zona da Mata quero
o Ford envolto em poeira
por esse Brasil precário
dos anos vinte (ou twenties),
quando o trompete de jazz
ruborizava a aurora
cor de cinza de Chicago.
Do Alto do Rio Negro
quero só a solidão

compacta como o cristal,
quero o índio rodeando
o motor do Catalina,
quero a pedra onde não pude
dormir à beira do rio,
pensando em nós-brasileiros
– entrelaçados destinos –
como contas carcomidas
de um rosário de martírios.
De Lagoa Santa quero
o roxo da Sexta-feira,
quero a treva da ladeira,
os brandões da noite acesa,
quero o grotão dos cajus,
onde surgiu uma vez
no breu da noite mineira
uma alma doutro mundo.
Da porta pobre da venda
de todos os povoados
quero o silêncio pesado
do lavrador sem trabalho,
quero a quietude das mãos
como se fossem de argila
no balcão engordurado.
Ainda quero da vila
a ira que se condensa,
a dor imóvel e dura
como um coágulo no sangue.
Da Fazenda do Rosário
quero o mais árido olhar
das crianças retardadas,
quero o grito compulsivo

dos loucos, fogo-pagô
de entardecer calcinado,
a névoa seca e o não,
o não da névoa e o nada.
Da cidade da Bahia
quero os pretos pobres todos,
quero os brancos pobres todos,
quero os pasmos tardos todos.
Do meu Rio São Francisco
quero a dor do barranqueiro,
quero as feridas do corpo,
quero a verdade do rio,
quero o remorso do vale,
quero os leprosos famosos,
escrofulosos famintos,
quero roer como o rio
o barro do desespero.
Dos mocambos do Recife
quero as figuras mais tristes,
curvadas mal nasce o dia
em um inferno e lama.
Quero de Olinda as brisas,
brisas leves, brisas livres,
ou como se quer um sol
ou a moeda de ouro
quero a fome do Nordeste,
toda a fome do Nordeste.
Das tardes do Brasil quero,
quero o terror da quietude,
quero a vaca, o boi, o burro
no presépio do menino
que não chegou a nascer.

Dos domingos cor de cal
quero aquele som de flauta
tão brasileiro, tão triste.
De Ouro Preto o que eu quero
são as velhinhas beatas
e a água do chafariz
onde um homem se dobrou
para beber e sentiu
a pobreza do Brasil.
Do Sul, o homem do campo,
matéria-prima da terra,
o homem que se transforma
em cereal, vinho e carne.
Do Rio quero as favelas,
a morte que mora nelas.
De São Paulo quero apenas
a banda pobre da fruta,
as chagas do Tietê,
o livro de Carolina.
Do noturno nacional
quero a valsa merencórea
com o céu estrelejado,
quero a lua cor de prata
com saudades da mulata
das grandes fomes de amor.
Do litoral feito luz
quero a rude paciência
do pescador alugado.

Da aurora do Brasil
– bezerra parida em dor –
apesar de tudo, quero
a violência do parto
(meu vagido de esperança).

TRINCA DE COPAS

ARENGA E REZA DE UM GUIA DE OURO PRETO

Senhoras e senhores,
antes que Vila Rica se desfaça,
vamos falar aqui e agora
do que fica do que passa.

Vila Rica, como até os cegos podem ver,
é feita de ladeiras, todas elas assombradas.
Olhem bem estas bandeiras,
estes beirais, estes balanços de sacadas!

Já vetusto era o teatro quando nele cantou a Candiani
as árias da *Norma* – e tenham em vista
que só cinquenta anos depois aí orou e perorou o Rui –
quando havia campanha civilista.

Esta Ponte do Rosário, também chamada do Caquende,
está atravessada numa estância do Ouvidor –
e esta, de cantaria trabalhada,
é a Ponte dos Contos, também cruzada pelo trovador.

O inglês Richard Burton – não o ator galês,
mas o amigo de Dom Pedro II –
aqui deu o ar de sua graça, com seu gosto meio raso
o seu saber meio profundo.

Num belo dia de 1867 Burton parou na Fonte dos Contos,
matou a sede, leu a inscrição e fez assim:
"Good Heavens! Shocking!
A água de Minas é melhor que o latim!"

Sem bom olho para as talhas do Aleijadinho,
Burton entretanto teve inteira razão
ao fazer um ditirambo para o velho
– e nunca assaz louvado – tutu de feijão.

Mário de Andrade cá esteve como quem está à toa,
mas com seus olhos de lente polivalente
viu logo a verdade genial e facetada
do Mestre Antônio Francisco Lisboa.

Depois o gigante de São Paulo deu um pulo
ali na Mariana dos lúgubres responsos
e estreitou comovido a mão
espiritual e branca do pobre, pobre Alphonsus.

Nestes lindos lençóis de linho
bordados de rendas, nestas finas musselinas,
deitaram seus corpos muitas damas ilibadas
e talvez três ou quatro ou trinta e quatro messalinas.

Outro inglês – este o geólogo John Mawe –
depois de flanar no frio arisco de Vila Rica,
falou e disse: "Nunca vi camas tão magníficas
como as camas desta gente rica!"

Vejam as cornijas e as molduras destas janelas!
Mas na verdade, senhoras e senhores,
raramente elas emolduravam
a formosura bem guardada das donzelas.

Aqui se vendiam os escravos.
Uma negra jovem e bela valia bom dinheiro.
E pagava-se até mil cruzados
por um bom negro trombeteiro!

Nos cantos destas ruas ficavam acesos
nichos votivos, e os nichos votivos
acabaram misturando os santos novos
aos deuses negros primitivos.

Havia quatro jornais
aqui em Vila Rica!
Todos os quatro
fervilhando de política!

E quando deste local
se fez uma casa de fundição,
o fisco fundiu o ouro
e forjou uma rebelião.

E aqui Saint-Hilaire viu dançando o fandango
a mulata desatada e namoradeira:
era a nação que já vinha
mestiçada e brasileira.

Assim, pedindo a bênção a Rodrigo de Andrade,
e a poesia a Manuel Bandeira,
rezemos para que não se desfaça
nem a Vila de ontem, nem a cidade
que deve conter o que fica do que passa,
já que no bico de pena destas gravuras
Vila Rica levará pela vida suas imagens mais puras.

REZA

Nosso senhor do Bonfim,
não deixes que Vila Rica tenha fim!

Nossa Senhora do Rosário,
preservai o vosso relicário!

Nossa Senhora da Conceição de Antônio Dias,
deitai vosso olhar sobre estas pedrarias!

Nossa Senhora da Piedade do Morro do Cruzeiro,
tende misericórdia da pátria do mineiro!

São Francisco de Assis,
arrebanhai as capelas todas e a Matriz!

Nossa Senhora das Mercês e dos Perdões,
rogai por Vila Rica em suas comoções!

São João Batista,
abençoai vossa capela e seu artista!

São Sebastião,
defendei a inocência da pedra-sabão!

Sant'Ana
protegei a humanidade vila-ricana!

Nossa Senhora das Necessidades,
protegei Vila Rica nas enfermidades!

Nossa Senhora das Dores,
tende compaixão, nestes ares novos, destas velhas cores!

Nossa Senhora da Piedade,
atendei Vila Rica na hora da orfandade!

Nossa Senhora do Pilar,
fazei de Vila Rica vosso altar!

Nossa Senhora do Rosário dos Pretos do Alto da Cruz,
conservai Ouro Preto, Vila Rica de Jesus!

PRIMA VERA

nalgum lugar
    debaixo de ahs e és
a prima Vera
era o quê?

chita em cima de moreno
vivaluz sob escuro de axila
pernas mascavas
mariposas debaixo das calcinhas
a última das helenas

e o tio dorremi sacrapantine a rir-se
de prima Vera
prima
Vera
imortal

por esta ladeira de misererar
vejo Vera esmorecer no infinitivo
entre as pernas matizadas da tardinha

contudo enfim te acho e ando
como um rei que se acha e se anda

minha lei
minha vera
teu rei

tanto relógio acontece entre as aspas do texto:
nem mais infância encontro onde andarás
agora que me dás infantilmente

te amo infantilmente agora
na foz do que flui e eu nem fiz
e suponho o sonho tão limpo
que em deusas te levanto

te amo infantilmente agora
dentro dos bares fechados de mim
prima
Vera
imortal

IMPRESSÃO DO BRASIL

Brasil é quando se começa a crer
no vir a ser do que se pode ver

pode ser uma fuga de ipomeias
pode ser contraponto de ninfeias

Brasil é riachão com um cavalo
fio de sangue a madrugar o galo

dourados agarrados na tarrafa
do lenço da baía anil garrafa

o pescador atira o aranhol
de teias luminosas: cai o sol

e mar! amar! e mar! e mar! amar!
o mar! o mar! talassa! o mar! o mar!

Brasil: aves de luz dão entrevistas
em fusões ilusões impressionistas

Brasil é só aquilo que ele é
pode ser Turner pode ser Mané

do "Deus do Céu assim eu nunca vi!"
quando se vê o que se vê aqui

O crioulo que leva uma rabeca
depois que tudo o mais levou a breca

entre cacos de pedra uma criança
criada à nossa imagem e semelhança

Brasil flamengo luso-americano
gauguin monet seurat corintiano

dos mineirões gigantes morumbís
maracanãs pelés gregos tupís

Brasil é preto e branco brasileiro
preto de branco-branco de pandeiro

Brasil de jaburu nefelibata
de ornato calipígio de mulata

do vermelho alagado de amarelo
dos falos e das flores de labelo

de luz e cor do amor ao desamor
das brisas tamisadas do calor

dos prateados módulos lunares
de seus arranha-céus orbiculares

dos degraus sagrados de memória
por onde o pobre agora sobe à glória

das obras em tensão no bambual
das tardes de modinha imperial

Brasil do devagar tão de repente
e um vendaval de cores corre a gente

TOMBO: ESTRAMBOTE

MENTE HÁ CEM ANOS ESTA CASA BELA.
BEM CEDO SE TRAVOU EM FEL SECRETO
O MANUELINO FLÂMEO DO PROJETO.
FALOU-SE DE ASMODEU E UMA PUCELA,
DO TÚNEL DO BARÃO DA CAPELINHA
(COISA DE LÉGUA À GRANJA DA SOBRINHA),
DAS INFANTAS TORNADAS EM MEGERAS
AFETADAS DA BABA DO MORCEGO
QUE EM SONHO AS EXTORQUIA DO SOSSEGO.

MINAS GERAIS TEM FRAUDES, TEM QUIMERAS:
EM FIOS DE CICIO, MÃE PRA FILHA,
FEZ-SE A CROCHÊ A COLCHA DA FAMÍLIA.

AQUI SÓ VÃO TOMBAR FORROS, SOALHOS,
PEDESTAIS SEM VIRTUDES DE ROMANAS,
GREGAS CADUCAS, VENTRES DE OTOMANAS.

LANÇADA. PONTO. CRUZ. TRICÔ. RETALHOS.

MOTES NO INFINITO

nascer, nasci em 1922,
morrer, morri em mil novecentos e depois

as castanhas que me faltaram no frio de 37 em Barbacena
encontrei-as no outono de 49 no cais do Sena

ai flores, ai flores do verde pino
agora que sei que sou um menino

senhora de corpo delgado
nem todo jejum é sagrado

este livro que sempre se manteve fechado
de repente se me abriu de lado a lado

sem dor a árvore do papel
não se livra do mal do mel

eu nem sei quem dantes era
mesmo assim telefono à primavera

pré-história... história... pós-história...
e o borbulhar enfim da festa sem memória...

quem vinha de flor
não me deu amor

é ela que se manda a meu pesar
tão logo aquele Jumbo decolar

é do inferno do pobre (diz Hugô)
que é feito o paraíso do robô

não me dá amor vagar
no Arpoador sem parar

de calça à luz convivente
vai Leonor transparente

saudoso-imaginoso disse o mestre:
guerra como a de Troia, nunca mais!

se meu amigo viesse e me visse,
se rindo de mim, diria: não disse!?

quem o mundo juntou sem ter partido
é comuna (Jesus) da linha justa

ao vagaroso passo dos meus bois
vou no meu vir-a-ser-antes-depois

poesia, bizarro contrabando
que seres fronteiriços vão passando

senhora mui louçã a quem chamei de flor
me disse alto e bom som: ora, não enche, pô!

aqui em Beagá, do alto dos picos,
sem dizer a ninguém crio o *Dia do Fícus*

minha mãe velida,
vê no que deu minha vida!

quando la festa è finita subito o lenta
il silenzio di ceneroni mi spaventa

senhora formosa, por meu mal
ando em regime de amor e sal

descalça vai para a praia
Leonor, de biquíni de cambraia

quem pretende ir-se embora quando passa
lindo filme de bruma na vidraça?

sonhos, quem não os tem quando a garoa
de São Paulo nos leva à vida à toa

meu ser evaporei na lida insana
que no meu tempo foi Copacabana

eu vi a Gioconda em Paris:
mamona lisa nunca vi

foi-se o perjurado, sumiu de Ipanema
sem deixar recado, sem telefonema

busca: não acharás a poesia:
vai-se a voar a pomba da palavra

busca: talvez acharás a poesia
quando o voo sem pomba regressar

quem Jânio Quadros não entende
entender o mundo e seu pai pretende

amiga, tive recado
de seu amigo (coytado!)

a prosa de Malherbe não durou
o espaço duma rosa tipográfica

– ay Deus, val! – tudo legal?
– tudo legal! ay Deus, val!

trespassa a nossa pálpebra a festa solar:
quando for noite, abrir os olhos devagar

dizia la bem talhada:
que gana de feijoada!

em caso de pasto disse a fremosinha:
quero filé grelhado sem batatinha

quando é hora do rush, o sol se esconde
e a passarada que não sabe aonde

senhora, agora, vos rogo, sem demora,
o meu coração Mendes tá na hora

na ribeira do rio vento frio
faz no meu rosto rugas quando rio

erros meus, má fortuna, amor ardente,
mais uma espondilose recumbente

terras lindas que (tanto tempo!) percorri
andam hoje a fazer turismo em mim

rio dos rios todos que vi ou não vi:
das barrancas do Logos, nunca sou daqui

O poeta vende um pano tão diverso
que seu reverso dá nome de verso

CANTIGA DE NIBELUNGO

Na solidão luminosa
de Copacabana entrei,

indo à caça de uma ondina,
Lorelai ou Lorelei.

Fui pelos bares atlânticos,
coração nos pés trancei,

vim pelos becos de dentro
como quem foge da lei.

no *Nibelungen's* do Leme,
na luz negra, a vislumbrei,

bebendo, a rir, mas não era
a que me ardia, e me dei

num castelo de cevada
que às valquírias levantei.

Noruegas, barbacãs,
pelo fosso penetrei,

por escadarias bruscas
pisos brumados galguei:

sobre o terraço, estampada
Lorelai em Lorelei,

lua lenta em água nua,
foi-se a dançar, e eu dancei

pelas rampas, pelas criptas,
pelas clausuras del-rei,

pelos enredos do bosque –
só neblinas assustei.

No fiorde da calada,
quando à ravina cheguei,

atrás do canto sem rumo
de Lorelailorelei,

eram harpas, lais pasmados,
vaialala laialei...

Espelhado no letargo
do fiorde despenquei,

um filho do nevoeiro,
nibelungo, me tornei.

Nibelungo desvalido,
pouco dado à minha grei,

anão da saga do ouro,
às minas natais voltei:

nas brenhas do Brumadinho
os gigantes enganei,

na lapa do Acaba Mundo
de meus irmãos apanhei,

alcovas, tumbas, escrínios,
larvarmente violei,

mas na bruma de mil anos
nosso anel não encontrei.

Tanta volta dá o mundo
do nosso anel, que me achei

sem saber se deste mundo
nibelungo sairei.

Sou a febre de algum sonho
de quem me sonha, sonhei.

Quando chegou o crepúsculo
dos deuses me acovardei,

violinos chamejantes,
flautas de fogo escutei,

pela trama do talvegue,
rato em brasa, deslizei,

quis sumir na minha cova,
por Brunehilde clamei,

entre as tochas do poente,
rato alado, me livrei,

num Reno de fogo frio
lentamente me apaguei:

talvez daqui a mil anos
um som de trompa serei.

Es war ein König in Thule,
lá em Thule tinha um rei,

que não bebeu nunca mais,
mas amanhã voltarei

à solidão luminosa
de Copacabana, eu sei.

DREAMING OF BOTH (ROCOCO)

Thou hast nor youth nor age
But as it an after dinner sleep
Dreaming of both.
Shakespeare, *Measure for Measure*

Thoughts of a dry brain in a dry season.
T.S. Eliot

A flower. You mentioned – doubtless with the double
[meaning –
a misty/mystical flower.
A flower with many a deep crooked finger,
keen and painful as human power.

Explicitly a rose. At formal parties you boasted
of an undeniable (though not too much visual) rose.
A disbelieved rose now; by either waning verse
or too pertinacious prose.

A meadow. A pasture for your saber-teeth. A babylonian
[meadow.
Stained or sacred now by your ravenous specious
[shadow.

A sea. You alluring here as shakespearean mirror
and there, large as you, was the sea.

But the sea is dying now by little degrees
which you are not able to stop or even to see.

A mind. You trusted at bay your quick animal mind.
Now an alarm-clock for tomorrow ready to wind.

A sky. Sincerely it didn't change your sky.
Starry as when your bottom like a waste moon
came to life, but sorrier when you'll die.

A heart. Once you had a sound haughy heart –
humourless tonight by such a downfall of grease and
[tart.

A childish monster sweet and funny as Boris Karloff.
Spoiled later on by fear and most by your show-off.

Winter. Like a spellbound Spring was Winter.
Look! Spring now spreads alone like a cold spinster.

You just loved to lull a dark-hair doll.
You don't at all: how could you lumbering and clutching
[in your atoll?

You assaulted a Sesame and sipped the money;
it drips still from your mouth but is lost its honey.

You had a word to open wide a door or to lock it, a
[key-word,
ambiguous as usual to-day but useless
as a glacial oath or an old sword.

Your nose – a gracious keatsian and almost grecian nose –
turned down nowadays by gravity and/or your sluggish
[newtonnian pose.

Suddenly at dumb sunset the loquacious of light.
For your brief brightness and your lightning delight
and your time to accept that gentle good night.

And a song, a sad soft available croak of song
as you willy-nilly press the accelerator and move along.

A retrieved brook at last, the Peter Pan-break of a brook.
Look out! Just when is not around Captain Hook.

A sex!
Indeed a sex!
Perhaps! Perhaps!

So you have been in the right places
with your proper way to commend a luscious cheese or
[a full-bodied wine
and absent as a bear in a show or blissfull as a bee in a
[hive.

Better to begin your backward count: ten, nine, eight,
[seven, six, five...

Mind! Oh Shelley! the trumpet of a prophecy! Mind!
If fifty-five comes, can zero be far behind?

NO FUNDO DO RIO RIO

COM OS RIOS DE MEUS TIOS
CARIOCA MERITI
MINHAS GROTAS DE ARREPIOS
MARACANÃ CATUMBI
COM MEUS PÍNCAROS BAIXADAS
CATACUMBA BOQUEIRÃO
MINHAS ILHAS LUNULADAS
VIRAPORANGA FUNDÃO
AO PÉ DE BELO ROCHEDO
UM ESPANTOSO PENEDO

COM MEUS MARES ENTUPIDOS
MEUS BECOS ARCOS CANCELAS
MEUS GABARITOS FALIDOS
PESTES BRANCAS AMARELAS
MELINDROSAS DE UMA VIDA
RUA TAYLOR CAFÉ NICE
BOCA DO MATO AVENIDA
BELAS ARTES RUA ALICE
MEUS CAFOFOS E CANDONGAS
MEUS ESTRUPÍCIOS MILONGAS

MEU VALONGO DESUMANO
RIO BRANCO DO SONETO
MEU INCHAÇO SUBURBANO

RIO DE LIMA BARRETO
DA TIJUCA DE ALENCAR
RIO ZAMBEZE D'ANGOLA
DE BANDEIRA À BEIRA-MAR
DE CHALÉ COM FLOR DO LADO
NOEL MACEDO MACHADO

COM MINHA GRAÇA MALANDRA
MEU CHORO NO LIVRAMENTO
MINHA FLAUTA SALAMANDRA
MANHÃ NATAL DE SÃO BENTO
RIO MEU DOS VIOLEIROS
MANOBREIROS DESPACHANTES
BABILÔNIA DE BICHEIROS
BISCATEIROS VIGILANTES
APRENDIZES DE SACANA
IRAJÁ – COPACABANA

RIO MINHO DOURO BEIRA
MINHA SURDA GALERIA
BREQUE DE VACA MINEIRA
MEU PADRÃO DE NOSTALGIA
MINHA TRANSA DO DIABO
MEU EXU DE CARA CHEIA
A PEDREIRA EM QUE ME ACABO
MEUS DEFUNTOS DE CADEIA
MEU BAR ETERNO RETORNO
CIRCULAR DA DOR DE CORNO

COM MINHAS MÃOS FERRAMENTAS
COM A DIREITA MAL PAGA
ASSOMBRAÇÕES MACILENTAS
A CANHOTA MUDA OU GAGA

COM MEU SALDO DEPRESSIVO
COM MEUS NERVOS NO SEU LAÇO
MEU FUTEBOL SEDATIVO
A DEMÊNCIA NO COMPASSO
MEU CORAÇÃO DE PERMEIO
ALTA TENSÃO NO BLOQUEIO

COM MEU ESPAÇO MENDIGO
COM MEU MURO CARMELITA
MEU MODERNO JÁ ANTIGO
MEU MEANDRO JESUÍTA
MINHAS RESSACAS FLAGELOS
MINHA FORCA NO ROCIO
MEUS MERCADOS PARALELOS
ENCANTADO LAVRADIO
COM MEUS RASTROS DE BARROCO
MEU BOM HUMOR NO SUFOCO

MINHAS COVAS LATEJANTES
MINHAS OBREIRAS DE ESQUINA
TREM FANTASMA DOS AMANTES
MINHA LAPA DE HEROÍNA
COM MEU FUTURO QUE PASSA
MINHA GLÓRIA DO MINUTO
MEU PASSADO DE CHALAÇA
MINHA FALTA CRISTALINA
MINHA CONFUSA DOUTRINA

COM O COLAR DA BAÍA
COM MEUS CONFLITOS EMPÍRICOS
A DOIDA DONA MARIA
COM MEUS ENREDOS ONÍRICOS
COM MEUS PODERES TRANSATOS

COM MEU BREJO MAL TAPADO
MEUS CARCOMIDOS MEATOS
MEU SAMBA DESATIVADO
COM MEUS BICHOS SINGULARES
VINTE E CINCO DEUSES LARES

COM MEUS DESVÃOS DE MISÉRIA
MINHA FAVELA MARINHA
ALMA SUJA DE MATÉRIA
PRENDA MINHA PENHA MINHA
MINHAS HERMAS DE VIRTUDE
AS ROLETAS DE MEUS DEDOS
GAMBOA MANGUE SAÚDE
OS ASSALTOS DE MEUS MEDOS
AS TORQUESES DOS PRETORES
RIO COMPRIDO DE AMORES

COM MEUS POEMAS DE MORRO
MINHAS TRAVESSAS DE PROSA
AS DEMORAS DO SOCORRO
BECO DO TREM LAMPADOSA
IANSÃ DO PRAIA BAR
MEU PASTEL PARA VIAGEM
JANAÍNA DO ALCAZAR
MINHA GALERA SELVAGEM
MINHAS MARAFAS MEUS GANCHOS
MEUS DESPACHOS MEUS DESMANCHOS

COM MEUS HOTÉIS DEVOLUTOS
MEUS MILAGRES AO CONTRÁRIO
MEUS CONVENTOS DISSOLUTOS
DEMOLIÇÃO MEU FADÁRIO
CACHAÇA DE ENCRUZILHADA

A POLÍCIA DEUS-ME-GUARDE
MINHA NAVALHA DANADA
MEUS ENTERROS FIM DE TARDE
PRAÇA ONZE QUANDO ONDE
RIO PASSADO NO BONDE

MEU CARROSSEL ANALÍTICO
MEUS ESPAMOS DE JUSTIÇA
MEU HOSPITAL PARALÍTICO
MEU CAMBURÃO DE CARNIÇA
MEU CARNAVAL SUFOCANTE
SORRATEIRAS MADRUGADAS
MEU ADEUS A TODO INSTANTE
REVIRAVOLTAS ARMADAS
MEU CATETE ADOLESCENTE
RES REI REI DO PRESIDENTE

COM MEU CORETO CALADO
COM MEU MOURISCO DOÍDO
MEU LAMPIÃO APAGADO
MEU RIO FUNDO ESVAÍDO
SUMIDOURO RIO EXTINTO
TOU NA MINHA TÁS NA TUA
LEITO EM FOGO DO FAMINTO
TRAPOS TOMBADOS DA LUA
MEUS RIOS MORTOS MEU RIO
DAS CHEIAS DO MEU VAZIO

CORCOVADO SEM IDADE
CARA DE CÃO PIEDADE
SOU A CIDADE DO RIO
SOU O RIO DA CIDADE

ROLO A ROSNAR ERRADIO
SOU A SAUDADE DO RIO

MEU GANIDO DE VERDADE
MEU DEUS! EU SOU A CIDADE!

POEMAS EM PROSA

PEQUENAS TERNURAS

Quem coleciona selos para o sobrinho; quem acorda de madrugada e estremece no desgosto de si mesmo ao lembrar que há muitos anos feriu a quem amava; quem chora no cinema ao ver o reencontro de pai e filho; quem segura sem temor uma lagartixa e lhe faz com os dedos uma carícia; quem se detém no caminho para contemplar a flor silvestre; quem se ri das próprias rugas ou de já não aguentar subir uma escada como antigamente; quem decide aplicar-se ao estudo de uma língua morta depois de um fracasso amoroso; quem procura numa cidade os traços da cidade que passou, quando o que é velho era frescor e novidade; quem se deixa tocar pelo símbolo da porta fechada; quem costura roupas para os lázaros; quem envia bonecas às filhas dos lázaros; quem diz a uma visita pouco familiar, já quebrando a cerimônia com um início de sentimento: "Meu pai só gostava de sentar-se nessa cadeira"; quem manda livros para os presidiários; quem ajuda a fundar um asilo de órfãos; quem se comove ao ver passar de cabeça branca aquele ou aquela, mestre ou mestra, que foi a fera do colégio; quem compra na venda verdura fresca para o canário; quem se lembra todos os dias de um amigo morto; quem jamais negligencia os ritos da amizade; quem guarda, se lhe derem de presente, a caneta e o isqueiro que não mais funcionam; quem, não tendo o hábito de beber, liga o telefone internacional no segundo uísque para brincar com amigo ou amiga distante; quem coleciona pedras, garrafas e folhas ressequidas; quem passa mais de quinze minutos a fazer mágicas para as crianças; quem guarda as cartas do noivado com uma fita; quem sabe construir uma boa fogueira; quem entra em ligeiro e misterioso transe diante dos velhos troncos, dos musgos e dos liquens; quem procura decifrar no desenho da madeira o hieróglifo da existência; quem não se envergonha da beleza do pôr do sol ou da perfeição de uma concha; quem se desata em riso à visão de uma cascata; quem não se fecha à flor que se abriu de manhã; quem se impressiona com as águas nascentes, com os transatlânticos que passam, com os olhos dos animais ferozes; quem se perturba com o crepúsculo; quem visita sozinho os lugares onde já foi feliz ou infeliz; quem de repente liberta os pássaros do viveiro; quem sente pena da pessoa amada e não sabe explicar o motivo; quem julga perceber o "pensamento" do boi e do cavalo; todos eles são presidiários da ternura, e, mesmo aparentemente livres como os outros, andarão por toda parte acorrentados, atados aos pequenos amores da grande armadilha terrestre.

4 de junho de 1966

PRIMEIRO EXERCÍCIO PARA A MORTE

Que foi que houve? Houve um instante dentro da madeira noturna, uma canção a tremular na onda, uma boca articulando pedras, um quintal com umas galinhas doentes, uma maçã dentro do sapato, um tiro de fuzil na tarde calcinada, uma guerra com estampas cheias de sangue, um grito intermitente no meu corpo, Deus de branco, Deus de vermelho, Deus despido sobre o ladrilho. Houve um pensamento no alto, carregado por uma nuvem crua. Pobres, milhões de pobres, mãos desgalhadas, pernas feridas, caras de estopa e fuligem. Me lembro de contrações musculares, de náusea-piedade, de ódio-esquecimento, em salas algodoadas com mulheres, com triângulos louros, ruivos, morenos, e um perfume que fazia esquecer o aroma dos lírios enfumaçados. Houve um retrato tirado na província ao lado de um poeta em pedaços. Um ladrar de cão na madrugada. Do mundo me lembro, era um mundo escuro e rápido como um túnel com uma dor qualquer. E a gente ria e ria e ria. Os pinheiros alongavam-se na serra, os sapos engordavam no perau. Houve um remédio escorrendo no pijama, grosso, minha mãe, ah, minha mãe, de onde vim. Houve um discurso furioso prometendo a morte e um discurso delicioso prometendo comida e amor. E não deram nada. Fiquei anos e anos no fundo de um bar, olhando esmagadoramente um copo vazio. Façamos um pouco de ordem: antes de tudo, houve uma coisa qualquer que eu não via, que não havia. Podia ser o avesso. O avesso da árvore, o avesso da luz, o avesso da palavra depois. Consegui ler um livro até o fim, o homem calvo voava sobre o parque, as vacas faziam desencanto, porque o tempo acaba demais como um fruto que se come quase podre. Houve de repente uma senhora branca dentro da banheira e o horror da hora, a hora-horror, parada dentro do relógio, um coágulo dentro da taça, um rato dentro da cama. Houve um tapete tão profundo e tão difícil que, envergonhado, me enrolei, me escondi. Houve um conselho, que me deram, tão certo, tão certo, que me esqueci. Houve uma fanfarra ainda, seguida ingenuamente por um cão idiota, caçador só de música, e depois, minha mãe, os remédios escorrendo com uma doçura intolerável pelo meu corpo. E foi então que vi a violência. Não me lembro o que era a violência, mas dela nasciam crianças, noites em claro, espinhos, mentiras, pasmos, dicionários, sentenças. Ah, se me lembro, no princípio houve também só a milícia dos arcanjos de pedra-sabão. De pedra-sabão era no espaço o jorro do órgão do coro, meu primeiro exercício para o túmulo, meu cão, meu cão-em-mim, o cão de estar aqui, ou lá, onde estive, ou não estive, onde flui, ou não flui, onde fui, ou não fui. Tenho quase a certeza, balsâmica (ah, minhas palavras, tão bonitas) de que fui um cão, um cão que farejava uns restos de música de fanfarra, por onde os homens tinham passado. Os homens não eram cães: eram importantes, e cheiravam a água de lavanda quando se vem dum enterro ou dum banquete, com a respiração audível e um bafo cansado de satisfação e mais um lenço branco que se passa na testa suada e se suspira. E se suspira. Houve um ruído de prego que se bate com ressentimento, um moço descarnado tombando de bêbado entre carneiros, uma campainha de telefone (ah, houve telefone) soando com terror na noite, no cerne da noite, o âmago da noite, o coração paralítico da noite, a noite da noite, o *point of no return* da noite. E depois não amanheceu, minto, amanheceu uma vez no *lobby* encerado com um saxofone mudo. Apesar dos pesares, com a morte na alma, fui um cão. Cheguei a ser um cão. Latia. Quando a minha alma passava da morte que existe agora à morte que vai existir daqui a pouco, da morte que existe daqui a pouco à morte que existe mais adiante, *ad infinitum*. Latia. Cultivei termos simpáticos, fui uma vez ou outra ao teatro, fumei um cigarro entre dois atos, beijei a mão de uma senhora, colaborei na construção duma ponte, jantei num restaurante com vinho, publicaram meu retrato na revista do serviço público com um adjetivo, comprei a crédito, chegaram a rir quando falei uma coisa engraçada (para um cão, bem entendido). Latia. Uivava, gania, latia. Nada puderam fazer por mim, fiquei amando nos terrenos baldios, fuçando latas de lixo, farejando restos de música. O Presidente da República me fazia latir. Latia à toa. Uma vez, lati quando uma grande dama me disse que eu possuía uma voz cheia de *speaker*. Uma tarde, quando um corretor de seguros me falava com impressionante entusiasmo sobre a civilização ocidental, lati até chorar. Houve um momento no aeroporto gelado, quando vi agora o meu primeiro exercício para a morte, ou para a vida, sim, houve. Houve a vida, quase tenho a certeza desconfiada, mas não balsâmica, de que houve a vida, a vida de um cão, mais que as imagens quebradas de inverno, primavera, verão e outono, mais que Pai, Filho e Espírito Santo, semente, haste, galhos, folhas, flores e frutos.

VERSOS EM PROSA

No princípio do amor existe o fim do amor, como no princípio do mundo existe o fim do mundo. Existem folhagens irisadas pela chuva, varandas varadas de luz, montanhas de gaze azul amontoadas no horizonte, crepúsculos de ametista com palmeiras estruturadas para um tempo além de nosso tempo, pássaros fatídicos na tarde assassinada, ofuscação deliciosa dos sentidos no lago. No princípio do amor já é amor. Melancólica e perfeita é a praça com o seu quartel amarelo e o clarim sanguíneo do meio-dia. No princípio do amor a criatura já se esconde bloqueada na terra das canções. Navios pegam fogo no mar alto, defronte da cidade obtusa, precedida dum tempo que não é o nosso tempo. No princípio do amor, sem nome ainda, o amor busca os lábios da magnólia, a virgindade infatigável da rosa, onde repousa a criatura em torno da qual é, foi, será princípio de amor, prenúncio, premissa, promessa pressurosa de amor. No princípio do amor a mulher abre a janela do parque enevoado, com seus globos de luz irreais, umidade, doçura, enquanto o homem – criatura ossuda, estranha – ri como um afogado no fundo de torrentes profundas, e deixa de rir subitamente, fitando nada.

Isso se passa em salas nuas do oceano, em submersas paisagens viúvas, fiordes friíssimos, desfiladeiros escalvados, parapeitos de promontórios suicidas, vilarejos corroídos de irremediável ferrugem, cidades laminadas, trens subterrâneos, apartamentos de veludos e marfim, províncias procuradas pela peste, planícies mordidas pela monotonia do chumbo, babilônias em pó, brasílias de vidro, submarinos ressentidos em sua desolação redundante; e isto se passa sem testemunhas; e isso se passa até em criaturas inermes, anestesiadas em anfiteatros cirúrgicos, ancoradas em angras dementes, respirando através de alvéolos artificiais, criaturas que vão agonizando em neblina cinzenta, parindo mágoa, morte, amor. E isso se passa como os rios passam; como passa o circo em tumulto num povoado de crianças, como passa o mergulhador nos corredores pesados do mar, como passa o tempo, a doida cantando e a vida. E isso se passa até no coração embalsamado de putrefatas criaturas, confrangidas entre o rochedo e o musgo, e no aranhol sentimental de criaturas já meio comidas pelo saibro do tempo, no coração de Ariana, Diana, Pedra, mulher de Pedro, Consuelo, Marlene, Beatriz.

Amor. A morte. Amar-te. Até a morte. No princípio do amor existe o olhar, a escuridão, depois os galgos prematuros da alvorada. Duas retinas paralelas, vítreas, dois corpos paralelos, espelhos humanos que se refletem com intensidade, imagens que se confundem até chegar à criatura una, indivisível: escultura colocada no infinito. No princípio do amor o infinito se encontra.

No princípio do amor a criatura humana se veste de cores mais vivas, blusas preciosas, íntimas peças escarlates, linhas sutis, sedas nupciais, transparências plásticas, véus de azul deserto, tonalidades de céu, de pedra, corolas de nailon, gineceus rendados, estames de prata, pecíolos de ouro, flor, é flor, flor que se contempla contemplada por dois olhos turvos no estio, claros na primavera, como os rios que passam. E se é o outono amando (vermelho) o inverno, tanto faz, e se é o inverno dando-se todo à primavera, pouco importa: é estio, é flor, é como o rio que passa sob o manto de barro que lhe cobre a nudez, como o cavalo em pânico, o menino perdido, o tempo, a doida cantando e a vida.

No princípio do amor o corpo da mulher é fruto sumarento, tronco silvestre de onde desce a doçura da resina, gamo que se ergue nas suas pernas esbeltas. No princípio do amor o corpo da mulher é como o cântico dos cânticos. É como a polpa do figo, fruto, fruto em sua nudez sumarenta, essencial. Pois tudo no mundo é uma nudez expectante sob o manto – tudo no mundo – e nada é uma nudez tão expectante como o corpo da mulher na orla do amor. Hoje sob o manto laranja, de rosa amanhã, violeta depois de amanhã, verde-limão na quinta-feira, ah, mulher, mulher, corpo de mulher, todo o cortejo vegetal do sábado, até quando cai a tarde no domingo.

Fruto na sombra: é noite. Em torno existirá um anel de luar: mas é noite, noite por dentro e por fora do fruto. Noite nas laranjas de ouro da serrania, nos seios dourados de Eliana, nos pêssegos crespos do vale. Noite nas vinhas que se embriagam de esperar. Sangue contido nas veias, périplo inviolável do sangue, nudez da carne em seu tecido indecifrável, orvalho sobre o cristal inconsútil dos frutos, ramagens despenteadas, recôncavos expectantes, inflorescência de pés apontando o firmamento, cinzeladas umbelas, estigmas altivos, é noite, é treva, é flor, é fruto, é espera, é noite.

Mas nos seios dourados de Eliana amanheceu.

DE REPENTE

E de repente, caminhando nesse dia de novembro, atribulado de deveres, no ano trigésimo quinto de minha história confusa e malbaratada, quando todas as amarguras já bebi, nem de todo sábio, nem de todo bobo, não tendo outro propósito no espírito senão o de abrir bem os olhos, pegar os objetos, ouvir, provar os vinhos turvos, respirar este aroma vegetal de outras tardes antigas, receber, enfim, a dádiva dos sentidos e cumpri-la, aquecendo-me ao sol, molhando-me na chuva, banhando-me no mar, de repente, em meu caminho, cruzando por um cego embriagado e crianças de uniforme, imaginando com remorso que a gente esperdiça tempo demais a trabalhar sem amor, de repente, sem qualquer disposição para o jornalismo, grave e sereno às quatro horas da tarde, empenhado em não deixar o dia partir inutilmente, dedicando-me com toda a honestidade a enamorar-me do mundo, pelo menos deste momento irresistível, de repente ocorreu-me de novo o milagre, e doeu-me – coisa espantosa – uma saudade magnífica de Paris na primavera, os plátanos agitando as ramas no ar silente, os bancos à beira do rio, onde li e reli que sob a ponte Mirabeau corre o Sena, e a alegria sempre vinha após a pena, e era uma saudade mais de mim a vadiar pelas ruas e os bosques, indo e vindo pelo cais da margem esquerda, remexendo livros empoeirados, admirando a cor e o imponderável, brincando com as pontes todas o eterno jogo da poesia, afeiçoando-me até morrer pela ilha de São Luís, as torres góticas encastoadas em luz de ouro, e outras cores, outras ramagens, ruas que faziam por si mesmas, e o meu destino, os vinhos tintos do crepúsculo, as brisas eufóricas, uma saudade, disse eu, sem jeito, féerica, Rue Gît-Le-Coeur, Rue de Hautefeuille, Rue de la Harpe, uma saudade que me dispersava, fatalizando-me suavemente, inclinando-me às águas quiméricas do tempo, como me perco no olhar de quem amo.

TALVEZ

Talvez tenha sido a pomba morta espalmada contra o asfalto da avenida Presidente Wilson. Talvez os livros do morto, seus esplêndidos álbuns de pintura, dispostos nas estantes em uma desordem de gente viva. Talvez a insinuação subconsciente do sentimento de limite, olhos de lebre acuada, em câmara lenta. As anotações cruas de um pedacinho de papel: pagar as contas, colecionar estampas antigas, insistir com o subdelegado, comprar um sapato de tênis, saber nome de remédio novo para o fígado. Talvez o calor úmido. O relato minucioso de uma pobre aventura de amor em uma estalagem inglesa do século dezoito. Ou os pés inchados, as mãos enormes, as narinas do morto. Talvez Filipe, o Bárbaro, bêbado em cima da rocha, a cavaleiro da planície cheia de guerreiros lanceados. A consciência, talvez, dos passos do senador, seu pigarro na antessala, seus olhos pequeninos que piscavam atrás das lentes deformantes. As peças íntimas da americana suicida do Edifício Miraí: amanhecia. A garrafa morna em cima da mesa na madrugada de Barbacena ("O Cruzeiro, que a linda Sofia não quis fitar, como lhe pedia Rubião, está assaz alto para não discernir os risos e as lágrimas dos homens"). Talvez, talvez. O arquiteto que subiu a uma torre muito alta, e caiu quando a multidão lhe agitava bandeiras coloridas, e a adolescente se orgulhava de sua morte. A vida curta e feliz de Francis Macomber. Ou o fogo na lona do circo, o furor amarelo do tigre. Pode ter sido a noite de febre, a enfermeira fria, o vento na paineira do pátio. Talvez a lembrança de uns versos: "As perguntas aqui não têm sentido! A paz das coisas parece mais vazia em torno de nós. Não te fies das aparências: Pois já não somos ambos senão sombras da violência". Ou o reitor arrogante sob a colunata. Mãos pouco hábeis, corpo sem impulso. A náusea do caranguejo dentro da poça de lama, talvez. A sentinela abatida no outono, quando já a consumia uma gripe violenta. Não é também impossível ter sido Madame Duclos, assassinada sobre o ladrilho do corredor, depois de ter tocado "Luar". Milhões de flagrantes, criaturas incapazes de aceitar o disfarce. Talvez os sinos de domingo na cidade colonial do tempo de colégio. Ou o professor de inglês em Ircutsqui, cercado de neve e vendavais, tão sozinho, coitado, tão cinzento, tão essencialmente só. (Sim, o só). Mas poderia ter sido o estúpido querendo comprar o berço já doado ao pobre homem de barba cerrada. Os rododendros do promontório de Howth, yes, os rododendros, and his heart was going like mad and yes I said yes I will Yes. O general de Garibaldi dentro da caixa, envolto no lençol. O monge siciliano preferindo as máquinas americanas aos cadáveres da catacumba. O avô, o bisavô, o sangue. O fato é que as barreiras do mundo se fecharam sobre ele. E ele ficou só.

O AMOR ACABA

O amor acaba. Numa esquina, por exemplo, num domingo de lua nova, depois de teatro e silêncio; acaba em cafés engordurados, diferentes dos parques de ouro onde começou a pulsar; de repente, ao meio do cigarro que ele atira de raiva contra um automóvel ou que ela esmaga no cinzeiro repleto, polvilhando de cinzas o escarlate das unhas; na acidez da aurora tropical, depois duma noite votada à alegria póstuma, que não veio; e acaba o amor no desenlace das mãos no cinema, como tentáculos saciados, e elas se movimentam no escuro como dois polvos de solidão; como se as mãos soubessem antes que o amor tinha acabado; na insônia dos braços luminosos do relógio; e acaba o amor nas sorveterias diante do colorido iceberg, entre frisos de alumínio e espelhos monótonos; e no olhar do cavaleiro errante que passou pela pensão; às vezes acaba o amor nos braços torturados de Jesus, filho crucificado de todas as mulheres; mecanicamente, no elevador, como se lhe faltasse energia; no andar diferente da irmã dentro de casa o amor pode acabar; na epifania da pretensão ridícula dos bigodes; nas ligas, nas cintas, nos brincos e nas silabadas femininas; quando a alma se habitua às províncias empoeiradas da Ásia, onde o amor pode ser outra coisa, o amor pode acabar; na compulsão da simplicidade simplesmente; no sábado, depois de três goles mornos de gim à beira da piscina; no filho tantas vezes semeado, às vezes vingado por alguns dias, mas que não floresceu, abrindo parágrafos de ódio inexplicável entre o pólen e o gineceu de duas flores; em apartamentos refrigerados, atapetados, aturdidos de delicadezas, onde há mais encanto que desejo; e o amor acaba na poeira que vertem os crepúsculos, caindo imperceptível no beijo de ir e vir; em salas esmaltadas com sangue, suor e desespero; nos roteiros do tédio para o tédio, na barca, no trem, no ônibus, ida e volta de nada para nada; em cavernas de sala e quarto conjugados o amor se eriça e acaba; no inferno o amor não começa; na usura o amor se dissolve; em Brasília o amor pode virar pó; no Rio, frivolidade; em Belo Horizonte, remorso; em São Paulo, dinheiro; uma carta que chegou depois, o amor acaba; uma carta que chegou antes, e o amor acaba; na descontrolada fantasia da libido; às vezes acaba na mesma música que começou, com o mesmo drinque, diante dos mesmos cisnes; e muitas vezes acaba em ouro e diamante, dispersado entre astros; e acaba nas encruzilhadas de Paris, Londres, Nova York; no coração que se dilata e quebra, e o médico sentencia imprestável para o amor; e acaba no longo périplo, tocando em todos os portos, até se desfazer em mares gelados; e acaba depois que se viu a bruma que veste o mundo; na janela que se abre, na janela que se fecha; às vezes não acaba e é simplesmente esquecido como um espelho de bolsa, que continua reverberando sem razão até que alguém, humilde, o carregue consigo; às vezes o amor acaba como se fosse melhor nunca ter existido; mas pode acabar com doçura e esperança; uma palavra, muda ou articulada, e acaba o amor; na verdade; o álcool; de manhã, de tarde, de noite; na floração excessiva da primavera; no abuso do verão; na dissonância do outono; no conforto do inverno; em todos os lugares o amor acaba; a qualquer hora o amor acaba; por qualquer motivo o amor acaba; para recomeçar em todos os lugares e a qualquer minuto o amor acaba.

16 de maio de 1964

POEMAS TRADUZIDOS

PROVÉRBIOS DO INFERNO

No tempo de semear, aprende; no da colheita, ensina; deleita-te no inverno.

O caminho do excesso conduz ao palácio da sabedoria.

A Prudência é uma solteirona rica e feia, cortejada pela incapacidade.

Quem deseja e não age, gera pestilência.

Atira dentro do rio quem gostar de água.

Jamais se torna estrela aquele cujo rosto não irradia luz.

Conta, peso e medida são para o ano de escassez.

Persistisse o louco na loucura, e encontraria a sabedoria.

Loucura, máscara da patifaria.
Pudor, máscara do orgulho.

Orgulho do pavão, glória de Deus;
lascívia do bode, munificência de Deus;
ira do leão, sabedoria de Deus;
nudez da mulher, trabalho de Deus.

Os rugidos do leão, os uivos do lobo, o furor do mar tempestuoso e a espada aniquiladora, são parcelas da eternidade, demasiadamente grandes para o olho do homem.

As alegrias fecundam; as dores dão à luz.

Ave: ninho; aranha: teia; homem: amizade.

Se estiveres sempre decidido a revelar tua opinião, o torpe te evitará.

Tudo o que for possível de ser acreditado é um reflexo da verdade.

De manhã, pensa; ao meio-dia, age; à tarde, come; à noite, dorme.

São mais sábios os tigres da ira que os cavalos da educação.

Conta como certo o veneno da água parada.

Só podes conhecer o que é suficiente se conheceres o que é mais do que suficiente.

Fraco de coragem, forte em astúcia.

Se os outros não fossem néscios, nós o seríamos.

Alma de prazer delicado não pode ser conspurcada.

Maldição ata; bênção desata.

Cabeça: o Sublime; coração: o Patos; genitais: a Beleza; pés e mãos: a Proporção.

Ar para o pássaro; mar para o peixe; desprezo para o desprezível.

O corvo queria tudo preto; a coruja, tudo branco.

Exuberância é beleza.

Melhor matar uma criança no berço do que acalentar desejos inativos.

O Bastante! ou o Demasiado!

William Blake

A CANÇÃO DO AMOR DE J. ALFRED PRUFROCK

S'io credesse che mia risposta fosse
A persona che mai tornasse al mondo,
Questa fiamma staria piu scosse.
Ma perciocche giammai di questo fondo
Non torno vivo alcun, s'i'odo il vero,
Senza tema d'infamia ti rispondo.

Então, vamos, tu e eu,
enquanto a tarde se estende contra o céu
como um paciente anestesiado sobre a mesa;
vamos por essas ruas quase desertas,
abrigos sussurrantes
de noites agitadas em hotéis baratos de um pernoite
e restaurantes juncados de serragem e conchas de ostras:
ruas que prosseguem como a discussão tediosa
que tenha a intenção insidiosa
de conduzir-te a uma pergunta esmagadora...
Oh, não perguntes "Qual?"
Vamos, vamos fazer nossa visita.

Na sala as mulheres vão e vêm
falando de Miguel Ângelo.

A neblina amarela que esfrega as costas nas vidraças,
a fumaça amarela que esfrega o focinho nas vidraças,

passou a língua nas esquinas do entardecer,
arrastou-se nas poças dos esgotos,
deixou tombar no seu dorso a fuligem que tomba das
[chaminés,
escorregou pelo terraço, deu um salto de repente
e, vendo que era uma noite suave de outubro,
enrolou-se de vez na casa e adormeceu.

E de fato haverá tempo
para a fumaça amarela que se esgueira ao longo da rua
esfregando as costas nas vidraças;
haverá tempo, haverá tempo
de compor uma cara para o encontro das caras desse
[encontro;
tempo para assassinar e criar,
e tempo para todos os trabalhos e os dias das mãos
que se erguem e deixam cair no teu prato uma pergunta;
tempo para ti e tempo para mim,
e tempo ainda para cem indecisões,
para cem visões e revisões
antes do chá com torrada.

Na sala as mulheres vão e vêm
falando de Miguel Ângelo.

De fato haverá tempo
de cogitar: "Ouso?" – "Não ouso?"

Tempo pra virar as costas e descer a escada
com um círculo calvo no meio da cabeça...
("Como o cabelo dele está caindo!")
Meu fraque, meu colarinho subindo firme até o queixo,
minha gravata rica e discreta, mas ajeitada com um
[simples alfinete...

(Dirão: "Que pernas finas! Que braços finos!")
Ouso ou não ouso
perturbar o universo?
Num minuto há tempo
para decisões e revisões que outro minuto inverterá.

Porque conheço tudo isso, tudo isso...
Conheço as noites, as manhãs, as tardes,
tendo medido a minha vida com colherinhas de café;
conheço as vozes mortiças que aos poucos vão morrendo
sob a música de uma sala afastada.
Como poderia ousar assim?

E já conheço os olhos todos, todos eles,
olhos que te cravam numa frase formulada,
e, uma vez formulado, eu, a espernear num alfinete,
uma vez alfinetado, a contorcer-me pelas paredes,
como poderia desse jeito começar
a cuspir-lhe todos os restos dos meus dias e dos meus
[caminhos?
Como poderia eu ousar?

Eu já conheço os braços todos, todos eles...
braços cingidos de pulseiras, e brancos e nus
(mas sob a lâmpada recamados de leve penugem
[castanha!)
É o perfume dum vestido
que me dispersa assim o sentido?
Braços que se apoiam na mesa ou se enrolam num xale.
Assim, como poderia ousar?
E como deveria começar?

Irei dizer que ao crepúsculo fui através de ruas estreitas
e reparei na fumaça que sobe dos cachimbos

de homens solitários, em mangas de camisa, debruçados
[à janela?

Eu tinha de ser um par de garras laceradas
escapando pelo chão de mares silenciosos.

E a tarde, a noite, dorme tão sossegada!
Acarinhada por dedos longos,
sonolenta... cansada... ou se faz de doente,
espichada no chão, aqui junto de ti e de mim.
E, depois do chá, dos bolinhos, dos sorvetes,
teria eu a força de exacerbar o momento até seu ponto
[crítico?
Pois embora eu tenha chorado e jejuado, chorado e
[rezado,
embora tenha visto minha cabeça (ficando um tanto
[calva) trazida numa salva,
não sou um profeta – e isso pouco interessa;
vi o meu momento de grandeza vacilar,
vi o eterno Lacaio recolher meu sobretudo com uma
[risadinha;
em suma, tive medo.

E teria valido a pena, depois de tudo,
depois das taças, das geleias, do chá,
entre as porcelanas, e algumas palavras que trocamos,
teria valido a pena
encerrar o assunto com um sorriso,
reduzir o universo a uma bola
para arremessá-lo contra uma pergunta esmagadora,
dizendo: "Eu sou Lázaro, que venho de entre os mortos,
e venho para dizer-vos tudo, e tudo vos direi..."
E, se uma delas, ajeitando uma almofada sob a cabeça,

dissesse: "Não é isso o que eu queria dizer, nada disso.
Nada disso, de modo algum".

E teria valido a pena, depois de tudo,
teria valido a pena,
depois dos poentes, dos pátios, das ruas umedecidas,
das novelas, das taças, do chá, das saias roçagantes,
depois disso, e tantas coisas mais?
Impossível exprimir o que eu penso!
Mas como se uma lanterna mágica projetasse o plano dos
[nervos numa tela:
teria valido a pena
se uma delas, ajeitando uma almofada ou desfazendo-se
[do xale,
virando-se para a janela, dissesse:
"Nada disso, de modo algum,
não é isso o que eu queria dizer, nada disso".

Não! Não sou, nem nasci para ser, o Príncipe Hamlet;
sou um cortesão da comitiva, que se prestará
para completar um cortejo, iniciar uma cena ou duas,
aconselhar o príncipe; um instrumento cômodo, sem
[dúvida.
diferente, contente de ser útil,
político, meticuloso, cauteloso,
cheio de conceitos solenes mas um tanto obtuso;
às vezes, na verdade, quase ridículo...
quase, às vezes, o Bobo da Corte.

Estou envelhecendo... envelhecendo...
Vou usar enroladas as bainhas das calças.

Devo pentear os cabelos para trás?

Vou usar calças brancas de flanela e caminhar na praia.
Já ouvi as sereias a cantar, umas para as outras.

Não creio que cantem para mim.

Vi-as a cavalgar as vagas mar adentro,
penteando os cabelos das vagas revoltas,
quando o vento a bater põe a água branca e negra.

Fomos ficando nas câmaras do mar,
entre moças marinhas coroadas de algas rubras e brumas
até que nos despertem vozes humanas, e nos afogamos.

T.S. Eliot

DO MONÓLOGO DE MOLLY BLOOM

adoro flores
adoraria ter a casa toda nadando em rosas
meu Deus do céu
não tem nada no mundo como a natureza
as montanhas selvagens
depois o mar as ondas em tropel
e depois a beleza do campo as plantações de aveia e trigo
os animais pra cá prá lá tão bonitos
deve fazer bem à alma isso
ver os rios os lagos e as flores
e formas de todos os jeitos e cheiros
e cores saltando de tudo até do fosso
primaveras e violetas
é a natureza
e esses que dizem que Deus não existe
não dou nada pela ciência deles
porque não vão e criam alguma coisa
já perguntei pra ele tantas vezes
ateus ou sei lá como se chamam
primeiro que tratem de lavar suas sujeiras
depois mandam chamar o padre aos berros
quando vão morrer
e por quê
por quê

porque têm pavor do inferno por causa da consciência
[pesada
ah sim
conheço bem esses
quem foi a primeira pessoa do universo
antes que existisse qualquer outra
quem fez tudo isso
quem
ah isso eles não sabem
e nem eu sei
pois é
eles podiam proibir o sol de nascer amanhã de manhã
o sol brilha é por tua causa
ele me disse no dia em que deitamos sobre os
[rododendros
no promontório de Howth
com seu terno cinza chapéu de palha
no dia em que fiz ele falar de casamento
foi
antes lhe passei com a boca um pedaço de bolo cheiroso
foi um ano bissexto também
há 16 anos meu Deus
depois daquele beijo que não acaba nunca
que quase me deixou sufocada
sim
ele me disse que eu era uma flor da montanha
sim
é isso mesmo
somos flores completamente
o corpo todo da mulher
sim
tai uma verdade que ele disse na vida

hoje o sol brilha por tua causa
sim
foi por isso que eu gostei dele
porque vi que ele entendia
ou sentia o que é uma mulher
e eu sabia que podia fazer dele o que eu quisesse
e fui dando a ele todo prazer que eu podia
para obrigá-lo a me pedir pra dizer sim
e eu não queria dizer logo
e fiquei só olhando para o mar e o céu
e pensando muitas coisas de que ele não sabia nada
em Mulvey e Mr. Stanhope e Hester
no pai
no velho Capitão Groves
nos marinheiros que brincavam de carniça e lava-prato
assim diziam lá no cais
e no sentinela na frente da casa do governador
com aquela coisa em volta do capacete branco
pobre diabo meio assado
e as moças espanholas rindo com seus xales seus pentes
[altos
e os leilões de manhã
os gregos os judeus os árabes
e o diabo sabe lá quem mais
de todos os cantos da Europa
e Duke Street
e a feira de aves cacarejando defronte Larby Sharon
os burrinhos coitados que tropeçavam morrendo de sono
e uns sujeitos vagos com seus mantos dormindo nos
[degraus
na sombra
e as rodas enormes dos carros dos touros

e o castelo de milhares de anos
sim
e aqueles mouros lindos de branco e turbante
como reis
pedindo a gente para sentar em suas lojinhas de nada
e Ronda com as velhas janelas das posadas
olhos faiscando atrás da rótula
para o namorado beijar a treliça
e as tabernas meio abertas durante a noite
e as castanholas
e a noite em que perdemos o navio em Algeciras
o vigia que fazia a ronda sereno com sua lanterna
e oh essa horrível corrente lá no fundo
oh
e o mar
o mar às vezes escarlate como fogo
e o pôr do sol maravilhoso
as figueiras nos jardins da Alameda
sim
e todas aquelas ruazinhas engraçadas
as casas cor de rosa azuis amarelas
e os jasmins os gerânios os cactos
e Gibraltar quando eu era mocinha
uma Flor da montanha
sim
quando pus a rosa como faziam as andaluzas
sim vou usar um vestido vermelho
e com ele me beijou debaixo da muralha mourisca
e eu pensei afinal tanto faz ele como qualquer outro
e então eu pedi a ele com os olhos pra pedir outra vez
sim
e então ele me perguntou se eu queria

sim
dizer sim
minha flor da montanha
e primeiro eu passei o meu braço
sim
e puxei ele para mim para que sentisse meus seios
[perfumadíssimos
sim
e o coração dele batia feito um louco
e sim
eu disse sim
eu quero muito
Sim

James Joyce

DE *CANTARES GALLEGOS*

Nasci quando as plantas nascem,
no mês das flores nasci,
numa alvorada docinha,
numa alvorada de abril.
Por isso me chamam Rosa,
Rosa do triste sorriso,
com espinhos para todos
e sem nenhum para ti.
Desde que te quis, ingrato,
tudo acabou para mim,
que para mim eras tudo,
minha glória, minha vida.
De que, pois, te queixas, Mauro?
De que, pois te queixas, dize,
se sabes que eu morreria
por te contemplar feliz.
Duro cravo me encravaste
com este teu maldizer,
com este teu doido pedir
que não sei que quer de mim,
pois te dei tudo que pude,
tão avarenta de ti.

O meu coração te envio
e a chave para o abrir;
nada mais tenho para dar-te,
nem tens mais que me pedir.

Rosalía de Castro

A BONITA RUIVA

Eis-me aqui diante de todos um homem cheio de sentido
Conhecendo da vida e da morte o que um vivo pode
[conhecer
Tendo provado as mágoas e as alegrias do amor
Algumas vezes tendo sabido impor suas ideias
Conhecendo diversas línguas
Tendo viajado um pouco
Visto a guerra na Artilharia e na Infantaria
Ferido na cabeça trepanado sob clorofórmio
Tendo perdido seus melhores amigos na pavorosa luta
Sei do antigo e do novo tanto quanto um homem só
[poderia saber

E sem preocupar-me no dia de hoje com esta guerra
Entre nós e para nós meus amigos
Julgo essa longa querela entre a tradição e a invenção
Entre a Ordem e a Aventura

Você cuja boca foi feita à imagem da boca de Deus
Boca que é a própria ordem
Seja indulgente ao comparar-nos
Aos que foram a perfeição da ordem
Nós que por toda parte buscamos a aventura
Não somos inimigos
Queremos obter vastos e estranhos domínios

Onde o mistério em flor se oferece a quem deseja colhê-lo
Aí existem chamas novas e cores jamais vistas
Mil fantasmas imponderáveis
Aos quais é preciso dar realidade
Queremos explorar a bondade enorme país onde tudo se
[cala

Existe ainda o tempo que se pode expulsar ou trazer de
[volta
Piedade para nós que sempre combatemos nas fronteiras
Do ilimitado e do futuro
Piedade para os nossos erros piedade para os nossos
[pecados
Eis de volta o verão a estação violenta
E a minha juventude está morta como a primavera
Ó sol eis o tempo da Razão ardente

E espero
Para segui-la sempre a forma nobre e doce
Que ela assume a fim de que eu a ame exclusivamente
E tem a aparência encantadora
De uma ruiva adorável

Seus cabelos são de ouro dir-se-ia
Um bonito relâmpago que perdurasse
Ou a pavana destas chamas
Na rosa-chá que se fana

Mas riam riam de mim
Homens de todos os lugares gente daqui sobretudo
Porque há tantas coisas que não ouso dizer-lhes
Tantas coisas que vocês não me deixariam dizer
Piedade de mim

Guillaume Apollinaire

VERLAINE

I O fraco Verlaine

O menino grande demais, o menino relutante a caminho do homem, cheio de segredos e cheio de ameaças,
o vagabundo de longas pernadas que começa, Rimbaud, a percorrer todas as praças,
antes de encontrar lá longe o inferno mais definitivo que esta terra lhe assegura,
o sol à sua frente para sempre e o silêncio completo que perdura,
ei-lo que pela primeira vez desembarca, e é nos cafés entre esses horríveis literatos de meia-idade,
não tendo outra coisa a revelar, a não ser que reencontrou a Eternidade.
Não tendo outra coisa a revelar, a não ser que não estamos no mundo!
Um só homem, entre as barbas e a fumaça e a cerveja e as lunetas todas e o riso imundo,
um só fitou o menino e compreendeu quem chegara afinal, foi só fitar Rimbaud, e para ele era ponto final
no Parnaso Contemporâneo e no buril pelo qual burilais
estes sonetos que partem sozinhos como tabaqueiras musicais!
Nem nada lhe é mais de nada, tudo em cacos! nem a mulher jovem que ele ama.
Suposto que siga esse menino, entre sonhos e blasfêmias, que coisas ele exclama?

Compreendo o que ele diz pela metade, mas esta metade basta.
O outro olha ausente com um olho azul, inocente de tudo
aquilo que ele arrasta.
Frágil Verlaine! agora fica sozinho, mais longe do que isso
não podes ir.
Rimbaud parte, não mais o verás, e o que resta a um canto a
rugir,
espumando, semilouco, perigoso à segurança popular,
os belgas agarraram cuidadosamente e colocaram numa pri-
são celular.
Está só. Em perfeito estado de despossessão e humilhação.
Sua mulher participa-lhe uma sentença de separação.
A Boa Canção foi cantada, a modesta felicidade sumiu de vez.
A um metro de seus olhos, há somente uma parede e sua nudez.
Lá fora, o mundo que o exclui; lá dentro, Paul Verlaine,
e seu gosto dessas coisas além de humanas, e a ferida perene.
Tudo o que pode ver é o azul lá no alto por um furo.
Permanece sentado, de manhã até a noite, contemplando o
muro:
o interior desse lugar, que o preserva do perigo de nada,
desse castelo pelo qual toda a miséria humana é espojada.
Como o linho da Verônica empapado de sangue e dor!
Até que aí nasça por fim essa imagem e essa face, que é de se
supor
reincidida do fundo dos tempos diante de sua face feroz,
essa boca que se cala e, pouco a pouco, esse olhar atroz,
o homem estranho que se torna, pouco a pouco, meu Deus e
meu Senhor,
Jesus, mais profundo que o vexame, e que lhe mostra e lhe
abre o mundo interior!
E se tentaste esquecer o pacto dessa hora do teu sinal,
lamentável Verlaine, poeta, oh, como te saíste mal!

Essa arte de viver decorosamente com os próprios pecados,
que são como se não o fossem, quando os temos bem guardados,
essa arte, que nos cai como cera, de acomodar o Evangelho
com o mundo,
dessa arte nada entendeste, velho veterano imundo!
Glutão! como foi curto o vinho do teu copo e o fel como foi
profundo!
A rasa dose de álcool no teu copo e o açúcar artificial,
como tinhas pressa de chegar ao fundo a fim de encontrar o sal!
Como foi breve a taberna comparada ao hospital!
Como foi breve a triste devassidão comparada à pobreza fun-
damental,
vinte anos pelas ruas Latinas, tão grande que foi um escândalo
aos olhos fariseus,
privação da terra e do céu, ausência dos homens e ausência
de Deus!
Até que te foi concedido cravar o dente no fundo mesmo da
maldade,
de cravar e morrer acima dessa morte que era segundo a tua
vontade,
nesse quarto de prostituta, de face colada no chão do inferno,
nu nesse chão como a criança que sai toda nua do ventre
materno!

II O irredutível

Ele foi esse marinheiro largado em terra e que dá pena aos guardas-civis,
com seus dois vinténs de tabaco, seu processo criminal belga e seu guia de marcha até Paris.
Marinheiro doravante sem o mar, vagabundo de uma rota sem orientação,
domicílio desconhecido... "Verlaine Paul, homem de letras, sem profissão",
o coitado faz versos de fato com os quais Anatole France não fica comovido:
quando se escreve em francês é para ser compreendido.
Ainda assim o homem é tão divertido com sua perna dura que acaba virando personagem
Às vezes pagam-lhe "une blanche", ele é famoso na estudantagem.
Mas escreve coisas que não se pode ler sem indignação.
Pois às vezes têm treze pés e nenhuma significação.
O prêmio Archon-Despérousses não é para ele, nem do Sr. de Monthyon os olhares celestiais.
Trata-se do amador no meio dos grandes profissionais.
Todos lhe dão bons conselhos; se morrer de fome, a ninguém pode culpar.
Ninguém vai se deixar levar por um mistificador vulgar.
O dinheiro, este nunca é suficiente para os Senhores Professores, que farão
mais tarde cursos sobre ele e receberão, todos, a Legião.
Não conhecemos este homem, dele não sabemos nada.
O velho Sócrates calvo resmunga em sua barba emaranhada;
pois um absinto custa cinquenta cêntimos, e ele precisa pelo menos de quatro para ficar embriagado:
mas prefere mil vezes estar bêbado que estar do nosso lado.

Pois seu coração parece envenenado desde que o perverteu
essa voz de mulher ou de criança – ou de um anjo que lhe falava do Céu!
Que Catulle Mendés fique com sua glória, e Sully-Prud' homme, este grande poeta!
Ele se recusa a receber uma patente de cobre com a indumentária completa.
Que outros guardem o prazer com a virtude, com as mulheres, a honra, o charuto.
Ele dorme todo nu em um quarto de pousada com um desdém absoluto.
Chama os taberneiros pelo apelido, sente-se em casa no hospital:
mas é melhor ser um morto do que ser como as pessoas em geral.
Assim, uníssonos, celebremos todos Paul Verlaine, agora que nos falam de sua morte.
Era a única coisa que lhe faltava, e entre todas a mais forte.
Agora todos nós entendemos seus versos, quando as mocinhas os cantam em arranjos musicais
feitos pelos grandes compositores, com toda sorte de acompanhamentos angelicais!
O velho homem do cais já partiu, regressando ao navio que o largou,
e que o esperava no porto escuro, mas ninguém nada notou.
Nada, a não ser a detonação da grande vela que se infla e o ruído da poderosa roda de proa na espuma.
Nada, a não ser uma voz, de mulher ou de criança ou de anjo, que chamava: Verlaine! dentro da bruma.

Paul Claudel

CAVALEIRO SOLITÁRIO

Os jovens homossexuais e as moças amorosas,
e as longas viúvas que sofrem a delirante insônia,
e as jovens senhoras emprenhadas faz trinta horas,
e os gatos roucos que cruzam meu jardim em trevas,
como um colar de palpitantes ostras sexuais
rodeiam minha residência solitária,
como inimigos estabelecidos contra a minha alma,
como conspiradores em trajes de dormitório
que trocaram longos beijos espessos como instruções.
O radiante verão conduz os enamorados
em uniformes regimentos melancólicos,
feitos de gordos e magros e alegres e tristes casais:
sob os elegantes coqueiros, junto ao oceano e à lua,
há uma contínua vida de calças e saias,
um rumor de meias de seda acariciadas,
e seios femininos que brilham como olhos.
O pequeno empregado, depois de muito,
depois do tédio semanal, e os romances lidos de noite na [cama,
definitivamente seduziu sua vizinha,
e a leva para miseráveis cinemas
onde os heróis são potros ou príncipes apaixonados,
e acaricia suas pernas cheias de um doce pelo
com suas ardentes e úmidas mãos que cheiram a cigarro.

Os entardeceres do sedutor e as noites dos esposos
unem-se como dois lençóis me sepultando,
e as horas depois do almoço em que os jovens estudantes
e as jovens estudantes, e os sacerdotes se masturbam,
e os animais fornicam diretamente,
e as abelhas cheiram a sangue, e as moscas zumbem
[coléricas,
e os primos brincam estranhamente com as suas primas,
e os médicos olham com fúria para o marido da jovem
[paciente,
e as horas da manhã em que o professor, como por
[descuido,
cumpre o seu dever conjugal e toma o café,
e ainda mais, os adúlteros que se amam com verdadeiro
[amor
sobre leitos altos e longos como embarcações;
seguramente, eternamente me rodeia
este grande bosque respiratório e enredado
com grandes flores como bocas e dentaduras
e negras raízes em forma de unhas e sapatos.

Pablo Neruda

O OUTRO TIGRE

And the craft that createth a semblance
Morris, *Sigurd the Volsung* (1876)

Penso em um tigre. E a penumbra exalta
A vasta livraria trabalhosa,
Parecendo afastar as prateleiras;
Forte, inocente, ensanguentado, novo,
Ele irá de manhã por sua selva
E marcará seu rasto na limosa
Margem de um rio cujo nome ignora
(Seu mundo não tem nomes, nem passado,
Nem porvir, mas só um instante certo).
E vencerá as bárbaras distâncias,
Farejando na renda labiríntica
Dos aromas o aroma da aurora
E o odor deleitável do veado.
Por entre as raias do bambu decifro
Suas raias, pressinto sob a pele
A ossatura esplêndida que vibra.
Inutilmente se interpõem convexos
Mares com os desertos do planeta;
Pois desta casa de um remoto porto
Da América do Sul, te sigo e sonho,
Ó tigre das gerais do Rio Ganges.

Cresce a tarde em minha'alma e vou pensando
Que o tigre evocativo do meu verso
É um tigre de símbolos e sombras,
Uma série de tropos literários
E de lembranças de enciclopédia,
E não o tigre fatal, aziaga joia
Que, sob o sol ou a diversa lua,
Vai cumprindo em Sumatra ou Bengala
Sua rotina de amor, ócio, morte.
Ao tigre desses símbolos opus
O real, que tem sangue quente, e hoje
5 de agosto de 59,
Estende na planície uma pausada
Sombra; porém, o fato de dizê-lo
E de conjecturar a circunstância
O faz ficção artística, não ser
Vivente dos que andam pela terra.
Um outro tigre buscaremos. Esse
Será como os primeiros uma forma
De meu sonho, sistema de palavras
Humanas, e não tigre vertebrado
Que, das mitologias indo além,
Pisa a terra. Bem sei; algo entretanto
Me impõe essa aventura indefinida,
Insensata e antiga, e persevero
Em buscar pelo tempo desta tarde
O outro tigre, o que não vem no verso.

Jorge Luis Borges

A DÉCIMA MORTE

Se tens mãos, elas me sejam
de um tato sutil e brando,
apenas sensível quando
anestesiado me creiam;
e que teus olhos me vejam
sem olhar-me, de tal sorte
que nada me desconforte
ao te roçar, ao te ver,
para não sentir prazer,
e nem dor, contigo, Morte.

Por caminhos ignorados,
por secretos entremeios,
por misteriosos veios
de troncos recém-cortados,
te veem meus olhos fechados
penetrar-me a alcova escura
e converter-me a figura
opaca, febril, cambiante,
em matéria de diamante,
luminosa, eterna e pura.

Não durmo, querendo ver-te,
lenta, chegar, apagada,
querendo ouvir-te, pausada,

a voz que silêncios verte;
para que, tocando o nada,
que envolve teu corpo incerto,
e ao teu aroma deserto,
possa, sem sombra de engano,
a ti saber que me irmano,
sentir que morro desperto.

O ponteiro dos segundos
percorrerá seu quadrante;
será tudo em um instante
desse espaço moribundo
que, largo, só e profundo,
será dócil ao teu passo,
de modo que o tempo forte
prolongará nosso abraço
e assim será possível
viver mais depois da morte.

Morte, em vão ameaças
fechar-me a boca à ferida
e pôr fim à minha vida
com uma palavra baça.
Que desejas mais que faça,
se, na dor que me devora,
violei tua demora;
se, por ver tua tardança,
para encher-me a esperança
que não morra não há hora!

Xavier Villaurrutia

OITO POEMAS

I

Podia viver – viveu. Podia morrer – morreu.
Podia sorrir de tudo
por acreditar em quem não encontrou
para dar sua alma.

Podia passar de um cenário familiar
a uma terra estrangeira;
podia contemplar a viagem
com um claro coração.

Esse crédito teve um entre nós,
não mais entre nós hoje em dia.
Nós que vimos a sua partida,
jamais cruzamos a baía.

II

Os céus não podem guardar seu segredo!
E o confiam às colinas...
As colinas contam para os pomares
e estes para os narcisos!

Um pássaro que passava
ouviu tudo.

Se eu subornasse o passarinho
quem sabe o que ele me diria?

Acho que não o farei,
melhor é não saber;

se o verão é um axioma
que magia a neve pode ter?

Assim sendo, Pai, guardai vosso segredo!
Ainda que o pudesse, não iria
saber o que fazem os amigos da safira
em vosso mundo posto em dia.

III

Senti um funeral dentro de mim,
gente enlutada a caminhar,
a caminhar, a caminhar, até
que meus sentidos se partiram.

E quando todos por fim se sentaram,
um ofício como um tambor
ficou a ressoar, a ressoar,
até parar meu pensamento.

Eles então ergueram uma caixa,
rangendo por meu coração
com as batinas de chumbo novamente.
O espaço começou a retinir.

Como se o firmamento fosse um sino,
e fosse o Ser só um olvido,
e eu e o silêncio uma raça estranha,
arruinada, só, no mundo.

IV

Há uma solidão do céu,
uma solidão do mar
e uma solidão da morte.
Mas fazem todas companhia
comparadas a este local profundo,
esta polar intimidade,
uma Alma que reconhece a Si mesma:
finita infinidade.

V

Se eu não estiver viva
na volta dos passarinhos,
dê ao de gravata rubra
lembranças minhas de alpiste.

Se eu não disser obrigada,
por estar adormecida,
saiba que fiz o que pude
com meus lábios de granito.

VI

Florir é chegar. Ver a flor,
contemplá-la ao passar,
só dá para suspeitar
a circunstância menor
da empresa fulgurante,
intrincadamente feita
da borboleta perfeita
ofertada à luz do dia.

Alimentar o botão,
pagar direito ao relento,
regular calor e vento,
esconder-se do zangão,
não falhar à natureza,
esperar por esse dia...
Ser flor é muita
responsabilidade!

VII

Como se o mar se apartasse
e revelasse outro mar,
e esse mar outro mar, e os três
fossem só a presunção
de mares consecutivos
despossuídos de praias...
E mares à margem de mares a vir...
Assim, a Eternidade.

VIII

Duas borboletas saíram ao meio-dia,
valsaram em cima de um arroio,
flecharam para o firmamento
e repousaram sobre um raio de luz;
Depois partiram as duas
por cima de um mar reluzente,
ainda que porto algum até hoje
haja mencionado a chegada.
Se falou com elas uma ave distante,
se no mar etéreo encontraram
uma fragata ou um cargueiro,
não fui eu informada.

Emily Dickinson

O POVO CONTINUARÁ

O povo continuará.
Aprendendo ou fazendo loucuras o povo continuará.
Será logrado, vendido e revendido
e voltará à mãe-terra para nutrir suas raízes.
O povo é tão bizarro ao progredir e regredir,
que não podemos rir de sua capacidade de topar a
[parada.
O mamute descansa entre os seus dramas ciclônicos.

O povo tantas vezes indolente, cansado, enigmático,
é um vasto amontoado de indivíduos a falar:
"Vou ganhando a vida.
Faço o que é preciso pra ir levando
e isso me come o tempo todo.
Se eu tivesse mais tempo
podia fazer mais pra mim mesmo
e talvez pros outros.
Podia ler e estudar,
discutir as coisas,
descobrir certas coisas.
Mas isso toma tempo.
Ah, se eu tivesse tempo!"

O povo tem duas caras, uma trágica, a outra cômica:
herói e desordeiro: espectro e gorila,

geme com sua boca torta de gárgula:
"Eles me compram e me vendem... não passo dum jogo...
um dia eu me solto..."

Depois de haver ultrapassado
as margens da necessidade animal,
a linha feroz da mera subsistência,
o homem chegou afinal
aos ritos mais profundos de seus ossos,
às luzes mais leves que os ossos,
chegou ao tempo de repensar as coisas,
à dança, à canção, ao conto,
chegou às horas doadas ao devaneio,
depois de ter ultrapassado a linha.

Entre as numeráveis limitações dos cinco sentidos
e os anseios infindos do homem pelo eterno,
o povo se agarra ao chato imperativo
de trabalhar e comer, enquanto faz um gesto,
quando se apresenta a ocasião
para as luzes além da prisão dos cinco sentidos,
para dádivas mais duradouras que a fome
ou a morte.
Esse gesto mantém-se vivo.
Proxenetas e mentirosos o violaram e enxovalharam.
Mas continua vivo esse gesto
estendido às luzes e às dádivas.

O povo conhece o sol do mar
e a força dos ventos
que chicoteiam as esquinas da terra.
O povo vê a terra
como a cova do descanso e o berço da esperança.

Quem mais fala em nome da Família Humana?
O povo anda afinado
com as constelações da lei universal.
O povo é policromia,
espectro e prisma,
apresado num monólito que se move,
um órgão a soar temas cambiantes,
clavilux de poemas coloridos
nos quais o mar oferece névoa
e a névoa se dissipa em chuva
e o poente do Labrador se reduz
a um noturno de estrelas limpas,
sereno, acima do jorro em chuveiro
das luzes boreais.

O céu das usinas de aço está vivo.
O fogo irrompe em branco zigue-zague
detonado dum crepúsculo metálico.
O homem está vindo atrasado.
O homem contudo vencerá.
Irmão pode ainda marchar ao lado de irmão:
esta velha bigorna se ri de muito martelo partido.
          Há homens que não se vendem.
          Quem nasce no fogo, vive bem no fogo.
          Estrelas não fazem barulho.
          Ninguém pode segurar o vento.
          O tempo tudo ensina.
          Quem vai viver sem esperança?

Na escuridão, com um grande fardo de aflições,
          o povo marcha.

Na noite, com uma pazada de estrelas no alto,
para sempre o povo marcha.
"Pra onde? Mais o quê ainda?"

Carl Sandburg

BALADA DE UMA DONZELA

Vou contar a história
da moça Edite Diana:
morava no 105,
Avenida Taprobana.

Tinha um olho meio torto,
boca fina de siri,
ombros um tanto caídos,
busto, se tinha, não vi.

Tinha um costume de sarja,
tinha um chapéu de lacinho,
morava no Grande Rio
num quarto de passarinho.

Tinha uma capa de chuva,
uma sombrinha também,
bicicleta quebra-galho,
de freio duro, porém.

A matriz de Santo Antônio
era perto do seu lar,
e ela fez tricô aos montes
para leilões do bazar.

Às vezes olhava a Lua
dizendo a si mesma: "Crês
que alguém importa que vivas
com um salário por mês?"

Uma noite teve um sonho:
era a Rainha da França!
E o cura de Santo Antônio
pede à Rainha uma dança!

Foi aquela tempestade!
Ela pedalando triste
e um touro – a cara do cura –
vindo de chifres em riste;

sentia o bafo do touro,
sentia um medo, um anseio,
e a roda em câmera lenta
por causa daquele freio.

Era o verão tão bonito,
porém no inverno, um destroço,
ela ia para a reza
vestida até o pescoço.

Topava pelo caminho
(mal olhava, se voltava)
os casais tão agarrados;
mas ninguém a convidava.

Sentadinha no seu canto
ouvia o órgão tocar,
cantava o coro tão lindo
quando era o dia a findar.

De joelhos e mãos postas
pedia ao Deus de Belém
que a livrasse do pecado
e de todo mal, amém.

E aí são dias e noites
como um filme de terror:
e por fim de bicicleta
Edite achou um doutor.

No Setor de Cirurgia
tocou a sineta, muda:
"Não vou nada bem, doutor,
sinto uma dor tão aguda!"

Dr. Amado examina
e outra vez, atento, espia:
"Por que não veio há mais tempo?"
E lava as mãos na bacia.

Fazendo bolas de pão
sentou-se o Dr. Amado
para jantar. Disse: "Câncer
é um negócio engraçado;

ninguém sabe a sua causa
(quem disser que sabe, mente);
é como alguém de tocaia
querendo matar a gente;

comum na mulher sem filho
e no aposentado, por
ser talvez um escape
para o fogo criador."

Madame toca a sineta:
"Mas que morbidez, Amado!"
Ele: "Acho que Dona Edite
é um caso liquidado."

Conduzida ao hospital
("Senhorita Pele e Osso"),
ela ficou estendida
vestida até o pescoço.

Os alunos, quando a viram,
se riram mas sem maldade,
e o Dr. Rosa cortou
Edite pela metade.

Diz Dr. Rosa: "Atenção!
Um sarcoma num estado
assim tão evoluído
é um verdadeiro achado!"

Estendida num carrinho
da Sala de Cirurgia
Edite passou à sala
de estudos de Anatomia.

Restos de Edite Diana
ao teto foram alçados;
dissecaram seu joelho
dois internos aplicados.

W. H. Auden

DESCANSO AO MEIO-DIA

Sol alto, descansar, pálido, absorto,
junto ao muro em ruínas de algum horto,
ouvir entre os espinhos incidentes
de melros, estalidos de serpentes.
Pelas gretas do chão, na trepadeira,
espiar as formigas peregrinas
que se dispersam ou se vão cruzando
nas encostas de mínimas colinas.
Quando de cimos altos se sentir
as trêmulas cigarras a zinir,
entre as folhagens, perceber o mar
escamoso, ao longe, a latejar.
E caminhando ao sol que nos navalha,
sentir, com nosso triste alumbramento,
como é toda existência e sua estafa,
neste prosseguimento, uma muralha
que têm em cima cacos de garrafa.

Eugenio Montale

DE "MARIANA PINEDA"

Na tourada mais bonita
que se viu em Ronda, a velha.
Cinco touros de azeviche
com divisa verde e negra.
Eu pensava sempre em ti;
eu pensava: Se comigo
estivesse minha triste
amiga Marianita,
Marianita Pineda!
As moças vinham gritando
em caleças coloridas
com abaninhos redondos
bordados de lantejoulas.
Também os moços e Ronda
em cavalinhos faceiros,
os amplos chapéus cinzentos
colados nas sobrancelhas.
A praça com povaréu
(chapéus baixos, altos pentes)
girava como um zodíaco
de risos brancos e negros.
Quando o grande Caetano,
pisando em palhas de areia,
atravessou a arena

com traje cor de maçã
bordado de prata e seda,
destacando-se Galhardo
entre os sujeitos de briga
frente os touros traiçoeiros
que cria a terra de Espanha,
parecia que a tarde
se botava mais morena.
Ah, se visses com que graça
se virava com as pernas!
Que grande equilíbrio o seu
com a capa e a muleta!
Melhor nem Pedro Romero
a tourear as estrelas!
Cinco touros matou; cinco,
com divisa verde e negra.
Na ponta de seu estoque
cinco flores pôs abertas
e a cada instante roçava
pelos focinhos das feras
como imensa borboleta
de ouro com asas vermelhas.
A praça, tal qual a tarde,
vibrava forte, violenta,
e entre o aroma do sangue
ia o aroma da serra.
Eu pensava sempre em ti;
eu pensava: Se comigo
estivesse minha triste
amiga Marianita,
Marianita Pineda!

García Lorca

MÚSICA

De repente jorrando
de um peito que se parte,
o jato apaixonado fende
a sombra – como mulher
que abrisse os balcões soluçando,
nua, para as estrelas, com anseio
de morrer sem motivo,
que fosse vida louca, imensa.

E não regressa nunca mais
– mulher ou água –
mesmo que fique em nós crepitando,
real e inexistente
sem poder parar.

Juan Ramón Jiménez

ONDE JAMAIS VIAJEI

onde jamais viajei, alegremente além
de qualquer experiência, teus olhos têm o silêncio deles;
no teu gesto mais frágil há coisas que me encerram
ou que não posso por perto demais tocar...

o teu mais leve olhar facilmente me descerra
embora como os dedos eu me tenha cerrado,
sempre me abres pétala por pétala como a primavera
abre (tocando-a jeitosa, misteriosamente) sua primeira rosa

ou, se te aprouvesse encerrar-me, eu
e minha vida nos fecharíamos em beleza, subitamente,
como quando o coração desta flor imagina
a neve cuidadosamente por todo lado a tombar;

nada do que nos é dado a perceber neste mundo se iguala
ao poder da tua imensa fragilidade: cuja textura
me compele com a cor das suas pátrias,
que me cedem a morte e o sem-fim a cada alento

(não sei o que vai em ti que se fecha
e se entreabre; apenas alguma coisa em mim entende
que a voz dos teus olhos é mais funda que as rosas todas)
e ninguém, nem mesmo a chuva, tem as mãos assim tão
[pequenas

E. E. Cummings

O HIPOPÓTAMO

O espesso hipopótamo dorme
com sua barriga no mangue;
pareça embora firme, enorme,
não é senão de carne e sangue.

A carne fraca, o sangue ralo,
podem causar choques nervosos;
A Igreja não sofre abalo
porque se funda em chãos rochosos.

Fraco, o hipo pode perder-se
ao procurar seus provimentos,
mas a Igreja, sem mexer-se,
pode colher seus rendimentos.

Não pode o pótamo se alçar
até a manga da mangueira;
romãs, pêssegos de além-mar,
sabem à Mestra verdadeira.

Amando, o hipo tem na voz
roncos grotescos e plebeus;
aos domingos ouvimos nós
a Igreja juntar-se a Deus.

O hipo dorme a tarde inteira,
durante a noite sai à caça;
pode a Igreja verdadeira
dormir e se nutrir de graça.

Vi o pótamo, asas ganhando,
voar acima das savanas,
em torno os anjos entoando,
para a glória de Deus, hosanas.

No Céu, no sangue do Cordeiro,
suas manchas serão lavadas;
por entre os mártires, fagueiro,
irá tocar harpas douradas.

E terá, limpo, da brancura
da neve, o beijo virginal;
embaixo a Igreja perdura
na velha marema letal.

T.S. Eliot

DECEPÇÕES

"É claro que eu estava drogada, e a tal ponto que só voltei a mim no dia seguinte. Fiquei horrorizada quando vi que estava perdida. Caí no maior desespero durante uns dias, chorei feito uma criança, implorando para que me matassem ou me mandassem pra casa da minha tia."
(Mayhew, *London Labour and London Poor*)

Mesmo de longe, provo o mal azedo
que ele te fez tragar com hastes finas.
Na estampa ocasional do sol, e o medo
brusco dos carros, fora, onde te esmaga
Londres, noivando em direção oposta,
irrespondível luz cultiva a chaga
e nega ao teu pudor uma coberta.
Ficou-te, ao lento dia, a alma exposta
qual gaveta de facas toda aberta.
Não sei te consolar, nem ousaria.
Cortiços te enterraram. Que dizer?
Só que a dor é exata. Valeria
julgar onde foi lei desejo rude?
Pois pouco importarias de escutar
que te frustraste menos nessa cama,
que ele, a subir pelos degraus, sem ar,
à mansarda infeliz da plenitude.

Philip Larkin

DEPOIS DO ENTERRO

À memória de Ann Jones

Depois do enterro, do louvor dos burros, zurros,
do vento agitando orelhas como velas pandas, surdo tlec
tlec duma cavilha de madeira inserida alegremente no
[espesso
pé da tumba, postigos abaixados sobre as pálpebras,
[dentes em negro,
olhos babados de saliva, poças de sal nos punhos da
[camisa,
pancada matinal da pá que desperta o sono,
sacode o desolado menino que dilacera a garganta
na treva do féretro, espalhando folhas secas,
e com o soco dum veredito revela um osso à luz,
depois do festim do instante atulhado de lágrimas e cardos,
no quarto, com uma raposa empalhada e uma avenca
[murcha,
estou eu, em reverência a este monumento póstumo, só,
nas horas dedicadas ao soluçar, com Ana defunta e
[corcovada,
cujo coração, fonte e abrigo, costumava tombar em
[charcos
nos mundos ressequidos de Gales e afogar os sóis
(posto que esta imagem monstruosa a engrandeça
[demais;
sua morte foi uma gota coagulada; ela não haveria de me
[querer

abismado na sagrada torrente do seu coração;
haveria de querer repousar surda e profunda,
sem necessidade de druida para seu corpo destroçado).
Mas eu, o bardo de Ana, do alto dum átrio suspenso
convoco os mares todos ao ofício: que a língua lenhosa
[da sua virtude
balbucie como um alarme por cima das cabeças cheias de
[cânticos,
incline-se ao longo das matas de avencas e raposas,
que o seu amor cante numa capela parda,
abençoada seja a sua alma curvada por quatro pássaros
[em cruz.
Sua carne foi suave como o leite, mas esta estátua erguida
[para o céu...
com o seio agreste, e o crânio gigantesco e bendito,
é esculpida à sua imagem num quarto com uma janela
[molhada
duma casa brutalmente enlutada por um ano de perfídias.
Sei que suas mãos humildes e escalavradas e amarulentas
jazem na sua câimbra religiosa, seu murmúrio
esvaído numa palavra úmida, seu espírito esvaziado de
[súbito,
sua cara qual um punho retorcido numa dor esférica;
e assim Ana esculpida tem setenta anos de pedra.
Estas mãos marmóreas, impregnadas de nuvens, este
[monumental
argumento da sua voz entalhada, o gesto e o salmo,
me impelem para sempre de encontro a seu túmulo, até
que o pulmão sufocado da raposa se contraia e grite
[Amor
e a arrogante avenca agite sementes na janela escura.

Dylan Thomas

DOMINAÇÃO DO NEGRO

À noite, ao pé da lareira,
as cores das touceiras
e das folhas caídas,
que se repetiam,
revolviam-se na sala
tal qual aquelas mesmas folhas
revolvendo-se na ventania.
Sim: mas a cor dos abetos espessos
chegou em largas passadas.
E eu me lembrei do clamor dos, pavões.

Eram as cores das suas caudas
como aquelas mesmas folhas
que se revolviam na ventania,
na ventania crepuscular.
Passaram arrebatadas pela sala
tal qual das ramagens dos abetos
esvoaçaram para o chão.

Eu os ouvi clamando, os pavões.
Era um clamor contra o crepúsculo?
Ou contra aquelas mesmas folhas
revolvendo-se na ventania,
revolvendo-se tal qual as chamas
revolvidas na lareira,

revolvendo-se tal qual as caudas dos pavões
revolvidas no fogo estrepitoso,
estrepitoso como os abetos
cheios do clamor dos pavões?
Ou era um clamor contra os abetos?

Pela janela
vi como os planetas se agruparam
tal qual aquelas mesmas folhas
revolvidas na ventania.
Vi como a noite chegou
em passadas largas como a cor dos abetos espessos.
Tive medo.
E me lembrei do clamor dos pavões.

Wallace Stevens

CRONOLOGIA

1922

Nasce em 28 de fevereiro, em Belo Horizonte, filho de Maria José Lima Campos e do médico e escritor Mário Mendes Campos.

1924-1928

Vive em Saúde, hoje Dom Silvério, arraial vizinho a Ponte Nova, na Zona da Mata mineira.

1928

Volta para Belo Horizonte. Aluno do Grupo Escolar Barão do Rio Branco.

1932

Cursa no Colégio Arnaldo a primeira série do ginasial.

1933

Seu primeiro emprego, aos 11 anos, é como balconista na loja de um tio.
Foge de casa com dois amigos, decidido a chegar ao Mato Grosso. A aventura, que durou apenas 24 horas, acaba na Mutuca, subúrbio de Belo Horizonte. Renderá pouco depois um "romance-reportagem" jamais publicado: *Fugindo de casa*.

1934

Reprovado em desenho e matemática, é mandado para o Colégio Dom Bosco, internato em Cachoeira do Campo (MG), onde passará três penosos anos.

1936

É expulso do Colégio Dom Bosco por "rebeldia".

1937

Vai para o Colégio Santo Antônio, de São João del-Rei. Conhece Otto Lara Resende, aluno do Instituto Padre Machado, da mesma cidade.

1938

Conclui o curso ginasial. De volta a Belo Horizonte, reencontra Otto Lara Resende, conhece Fernando Sabino e Hélio Pellegrino, e com eles forma o legendário grupo de amigos que Otto batizará "Os Quatro Cavaleiros de um íntimo Apocalipse".

1939

Trabalha numa empresa de construção de casas, do mesmo tio que lhe dera o primeiro emprego.
Começa no serviço público, como guarda sanitário ou "mata-mosquito", da antiga Diretoria de Saúde Pública de Minas Gerais.
Inicia sucessivamente três cursos universitários: odontologia, veterinária e direito, sem concluir nenhum. "Felizmente só consegui o diploma de datilógrafo", dirá mais tarde.
Decidido a ser aviador, entra na Escola Preparatória de Cadetes, em Porto Alegre, mas desembarca ao cabo de um ano.

1939-1945

Entra no jornalismo, pela mão de João Etienne Filho, e publica em *O Diário* o seu primeiro artigo, sobre o poeta Raul de Leoni. Escreve também no *Estado de Minas*. Dirige o suplemento da *Folha de Minas*.

1945

Em agosto, vai ao Rio para conhecer o poeta chileno Pablo Neruda – e fica para sempre. Carlos Drummond de Andrade, Cyro dos Anjos e Augusto Frederico Schmidt ajudam a conseguir trabalho, na imprensa e no serviço público. Com carteira assinada ou como colaborador, inicia carreira que o fará passar por várias redações – *Correio da Manhã, Diário Carioca, Jornal do Brasil, Manchete* e *Senhor*, entre outras.
Como funcionário público, ocupará postos de direção na Biblioteca Nacional.

1949

Passa um ano na Europa, com base em Paris.

1950

De volta ao Rio, começa a produzir roteiros para documentários de Jean Manzon. Escrever para cinema será uma alternativa profissional até quase o final da vida.

1951

No mesmo dia – 25 de outubro –, publica seu primeiro livro, *A palavra escrita*, e se casa com a inglesa Joan Abercrombie, com quem terá dois filhos: a médica Gabriela e o veterinário Daniel.

1952

Publica *Forma e expressão do soneto*, antologia.
Colabora, desde o primeiro número, na revista semanal *Manchete*, cujo time de cronistas incluirá também, durante anos, Rubem Braga, Fernando Sabino e Henrique Pongetti.

1955

Grava poemas para um disco do selo Festa.
Publica *Páginas de humor e humorismo*, antologia.

1957

No que ficará sendo sua única experiência como editor de livros, une-se a Irineu Garcia e Lúcio Rangel para publicar, pela Alvorada Edições de Arte, do Rio de Janeiro, a coletânea de crônicas *Flauta de papel*, de Manuel Bandeira.

1958

Publica *O domingo azul do mar*, que reúne *A palavra escrita* e sua produção posterior.

1960

Publica *O cego de Ipanema*, crônicas.

1962

Publica *Homenzinho na ventania*, crônicas.
Participa, com Carlos Drummond de Andrade, Cecília Meirelles, Dinah Silveira de Queiroz, Fernando Sabino, Manuel Bandeira e Rubem Braga, da antologia de crônicas *Quadrante*, que no ano seguinte renderá um segundo volume. A série, posteriormente, passará a chamar-se *Elenco de cronistas modernos*.

Em 25 de agosto, submete-se a uma experiência com ácido lisérgico, sobre a qual escreverá longo depoimento.

1965

Publica *O colunista do morro*, crônicas, e também *Antologia brasileira de humorismo*, versão ampliada de *Páginas de humor e humorismo*.
Suas crônicas "Receita de domingo", "O pombo enigmático" e "Aventura carioca" são adaptadas para o filme *Crônicas da cidade amada*, de Carlos Hugo Christensen.

1966

Publica *Testamento do Brasil & O domingo azul do mar* (poemas, edição conjunta).

1967

Publica *Hora do recreio*, crônicas.

1969

Publica *O anjo bêbado*, crônicas.

1976

Publica *Rir é o melhor jeito (Supermercado)*, reedição de *Hora do recreio* em formato de bolso.

1977

Publica *Transumanas*, poesia e prosa.

1978

Participa, com Carlos Drummond de Andrade, Fernando Sabino e Rubem Braga, da série de antologias de crônicas *Para gostar de ler*, que com esse quarteto terá cinco volumes.

1979

Publica *Poemas*, reunindo *O domingo azul do mar*, *Testamento do Brasil* e os livros inéditos *Balada de amor perfeito* e *Arquitetura*.

1980

Grava um depoimento e seis poemas para o LP duplo *Os quatro mineiros*, de que participam também Fernando Sabino, Otto Lara Resende e Hélio Pellegrino.

1981

Publica *Diário da Tarde*, prosa e poesia.
Em 30 de abril, aposenta-se do serviço público como técnico em comunicação social da Empresa Brasileira de Notícias (EBN).

1984

Publica *Trinca de copas*, poesia – incluindo traduções – e prosa.

1990

É lançado *Melhores poemas de Paulo Mendes Campos*, com seleção e apresentação de Guilhermino Cesar.

1991

Em 1º de julho, morre de infarto do miocárdio em seu apartamento, no Leblon, aos 69 anos de idade, sendo enterrado no mesmo dia no cemitério do Bonfim, em Belo Horizonte.

1999

A Prefeitura do Rio de Janeiro dá o nome de Paulo Mendes Campos à pequena praça formada pelo cruzamento das ruas Dias Ferreira, Humberto de Campos e General Venâncio Flores, no Leblon.
A publicação de *O amor acaba: crônicas líricas e existenciais* dá início ao relançamento da obra em prosa de Paulo Mendes Campos, organizada em novos títulos por Flávio Pinheiro. A esse volume se seguirão *Artigo indefinido: crônicas literárias*; *Brasil brasileiro: crônicas do país, das cidades e do povo*; *De um caderno cinzento: apanhadas no chão*; *Murais de Vinicius e outros perfis*; *O gol é necessário: crônicas esportivas*; *Cisne de feltro: crônicas autobiográficas*; *Alhos & bugalhos: crônicas humorísticas*.

2005

Em 11 de outubro, inaugura-se na praça da Liberdade, em Belo Horizonte, um conjunto de estátuas de bronze de Paulo Mendes Campos, Otto Lara Resende, Fernando Sabino e Hélio Pellegrino, de autoria do escultor Leo Santana.

2007

Em 14 de junho, a Secretaria Estadual da Cultura de Minas Gerais abre na Biblioteca Pública Estadual Luís de Bessa a exposição *Paulo Mendes Campos: o poeta em prosa & verso*, com curadoria de Humberto Werneck e Jaime Prado Gouvêa.

2009

O nome de Paulo Mendes Campos é dado a um viaduto

sobre a Via Verde, que liga Belo Horizonte ao aeroporto internacional Tancredo Neves, em Confins.

2013

A publicação de *O amor acaba* e *O mais estranho dos países* (reunião de *Brasil brasileiro* e *Murais de Vinicius e outros perfis*) inaugura a reedição da obra em prosa de Paulo Mendes Campos pela Companhia das Letras. Sai nova edição de *Diário da Tarde*, em formato tabloide, pelo Instituto Moreira Salles.

2014

É lançada nova edição de *Diário da tarde*, em formato 14 x 21 cm, pela Companhia das Letras.

BIBLIOGRAFIA

Poemas

A palavra escrita. Niterói: Hipocampo, 1951.

O domingo azul do mar. Rio de Janeiro: Civilização Brasileira, 1958.

Testamento do Brasil & O domingo azul do mar. Rio de Janeiro: Editora do Autor, 1966.

Transumanas. Rio de Janeiro: Codecri, 1977.

Poemas (reunindo *O domingo azul do mar*, *Testamento do Brasil* e os inéditos *Balada do amor perfeito* e *Arquitetura*). Rio de Janeiro: Civilização Brasileira, 1979.

Diário da tarde (prosa e poesia). Rio de Janeiro: Civilização Brasileira/Massao Ohno, 1981; São Paulo: Instituto Moreira Salles, 2013; São Paulo: Companhia das Letras, 2014.

Trinca de copas (ensaio "Experiência com LSD" ["Uma experiência com ácido lisérgico"]). Rio de Janeiro: Achiamé, 1984.

Melhores poemas. Sel. e apres. Guilhermino Cesar. São Paulo: Global, 1990.

Carta a Otto ou Um coração em agosto. (Correspondência e poema). Ed. e posf. Elvia Bezerra. Rio de Janeiro: Instituto Moreira Salles, 2012.

Crônicas

O cego de Ipanema. Rio de Janeiro: Editora do Autor, 1960.

Homenzinho na ventania. Rio de Janeiro: Editora do Autor, 1962.

O colunista do morro (crônicas e ensaio "Uma experiência com ácido lisérgico"). Rio de Janeiro: Editora do Autor, 1965.

Hora do recreio. Rio de Janeiro: Sabiá, 1967.

O anjo bêbado. Rio de Janeiro: Sabiá, 1969.

Rir é o único jeito (Supermercado). (Reedição de *Hora do recreio* com novo título). Rio de Janeiro: Ediouro, 1976.

O amor acaba: crônicas líricas e existenciais. Org. e apres. Flávio Pinheiro. Rio de Janeiro: Civilização Brasileira, 1999.

Brasil brasileiro: crônicas do país, das cidades e do povo. Org. Flávio Pinheiro. Rio de Janeiro: Civilização Brasileira, 2000.

Murais de Vinicius e outros perfis. Org. Flávio Pinheiro. Rio de Janeiro: Civilização Brasileira, 2000.

O gol é necessário: crônicas esportivas. Org. e apres. Flávio Pinheiro. Rio de Janeiro: Civilização Brasileira, 2000.

Artigo indefinido: crônicas literárias. Org. e apres. Flávio Pinheiro. Rio de Janeiro: Civilização Brasileira, 2000.

Cisne de feltro: crônicas autobiográficas. Org. e apres. Flávio Pinheiro. Rio de Janeiro: Civilização Brasileira, 2001.

Alhos e bugalhos: crônicas humorísticas. Org. e apres. Flávio Pinheiro. Rio de Janeiro: Civilização Brasileira, 2001.

Balé do pato e outras crônicas. São Paulo: Ática, 2003.

Quatro histórias de ladrão e outras crônicas. Rio de Janeiro: Agir, 2005.

O amor acaba: crônicas líricas e existenciais. Apres. Flávio Pinheiro, posf. Ivan Martins e crônica de José Carlos Oliveira. São Paulo: Companhia das Letras, 2013.

O mais estranho dos países: crônicas e perfis (reunindo *Brasil brasileiro* e *Murais de Vinicius e outros perfis*). Sel. e apres. Flávio Pinheiro, posf. Sérgio Augusto e evocação biográfica de Otto Lara Resende. São Paulo: Companhia das Letras, 2013.

Organização de antologias

Forma e expressão do soneto. Coleção Os Cadernos de Cultura. Rio de Janeiro: Serviço de Documentação do Ministério da Educação e Saúde, 1952.

Páginas de humor e humorismo. Coleção Os Cadernos de Cultura. Rio de Janeiro: Serviço de Documentação do Ministério da Educação e Saúde, 1956.

Antologia brasileira de humorismo (ed. ampliada e reeditada de *Páginas de humor e humorismo*). Rio de Janeiro: Editora do Autor, 1965.

Tradução

A volta ao mundo em 80 dias, de Júlio Verne. Rio de Janeiro: Ediouro, 2004.

ÍNDICE

ARQUITETURA

O DOMINGO AZUL DO MAR

TRINCA DE COPAS

POEMAS EM PROSA

POEMAS TRADUZIDOS

GRÁFICA PAYM
Tel. [11] 4392-3344
paym@graficapaym.com.br